PROSODIE ET MÉTRIQUE LATINES

PARIS. — IMPRIMERIE CHARLES BLOT, RUE BLEUE, 7.

PROSODIE ET MÉTRIQUE

LATINES

SUIVIES D'EXERCICES

G. GRUMBACH

PROFESSEUR AU LYCÉE LOUIS-LE-GRAND

ET

A. WALTZ

PROFESSEUR A LA FACULTÉ DES LETTRES DE BORDEAUX

HUITIÈME ÉDITION

Revue et corrigée

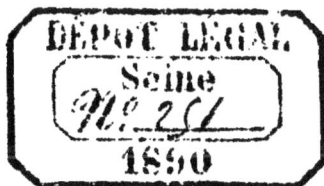

DÉPOT LÉGAL
Seine
N° 261
1890

PARIS

GARNIER FRÈRES, LIBRAIRES-ÉDITEURS

6, RUE DES SAINTS-PÈRES, 6

PRÉFACE

En publiant ce nouveau traité élémentaire de prosodie et de métrique, nous devons quelques explications à nos collègues sur la méthode que nous avons
suivie.

I

Jusqu'ici l'enseignement de la prosodie a reposé
presque tout entier sur la théorie du *crément* :
« Dans les Prosodies latines qu'apprennent nos
élèves, dit M. Bréal([1]), on divise les génitifs *homin-
is* et *gener-is* de cette façon: *hom-in-is, gen-er-is,*
et l'on a inventé pour les syllabes *in* et *er* le nom de
crément([2]). » Nous rompons aujourd'hui avec cette
vieille tradition, non pas pour le plaisir d'innover,
mais parce que le crément est en contradiction for-
melle avec les principes de la grammaire comparée,
parce qu'il n'a même aucune utilité comme moyen
mnémotechnique.

La théorie du crément débute par une singulière
inconséquence. Comment le mot est-il défini?

« 1° *Lorsqu'un nom ou un adjectif ont à leurs
autres cas une syllabe de plus qu'au nominatif,
cette syllabe s'appelle crément.*

2° *Un verbe a autant de créments qu'il a de
syllabes de plus qu'à la deuxième personne du
singulier du présent de l'indicatif*([3]). »

L'élève est porté à croire que dans *consulis* (nominatif *consul*) le crément est la syllabe *is ;* dans
amamus (deuxième personne *amas*) la syllabe *mus.*

(1) *Trad. de la grammaire de* Bopp ; *préface du tome III, p.* VI.
(2) Cet usage du mot crément (*crementum*) remonte au XIIe siècle.
(3) *Nouvelle prosodie latine par* M. L. Quicherat, *p.* 46 et 51.

a

Mais il n'en est rien. « *Le crément est non pas la
dernière syllabe, mais la pénultième, l'antépénultième, etc.* » ; c'est-à-dire que dans *consulis*, le
crément, *l'accroissement* du mot est *sul* qui existe
déjà dans *consul ;* dans *amamus*, *ma* qui existe
déjà dans *amas*. C'est toujours là un grand sujet
d'étonnement pour les enfants qui raisonnent.

Le crément pèche par un défaut plus grave: il
repose sur une erreur grammaticale trop longtemps
consacrée, qui consiste à prendre comme point de
départ de la déclinaison le nominatif(¹), de la conjugaison le présent de l'indicatif. Aujourd'hui que les
nouvelles grammaires ont démontré la fausseté
absolue de cette théorie, et distingué d'une part le
radical, d'autre part les suffixes tels que caractéris-
tiques de temps et de modes, désinences casuelles et
personnelles (²), il est temps de mettre la prosodie en
harmonie avec les saines doctrines grammaticales,
de faire disparaître de nos livres des divisions de
mots arbitraires telles que *con-sul-is*, *am-abami-
ni*, et de les remplacer par *consul-is*, *ama-ba mini*.
Cette réforme est nécessaire pour rétablir l'esprit de
suite et l'unité dans notre enseignement.

On nous objectera peut-être que le crément est un
procédé commode, au moyen duquel les Prosodies
abrègent et simplifient. Mais est-ce abréger que de
multiplier les règles en distinguant *a* crément dans
amāmus et *a* dans *amā-s, amā ; e* dans *dië-bus*

---

(1) « Le génitif se forme du nominatif, et souvent croît en nombre
de syllabes, et tous les autres cas dépendent en cela du génitif. »
    Méthode latine de Port-Royal.

D'où la formule suivante :
    Dans les noms le crément sera,
    Lorsqu'un génitif passera
    Dans les syllabes qu'il contient
    Le nominatif *dont il vient.*

(2) Voir la *préface de la grammaire grecque de* M. Chassang.

et *e* dans *diĕ-s*, *diē?* Est-ce simplifier que de compter dans les verbes jusqu'à trois créments ? Et cela, pour aboutir à quoi ? A ce résultat singulier que *e* est également premier crément dans deux formes différentes telles que *legēre*, futur passif, et *legĕre*, infinitif actif, tandis qu'il est successivement premier, deuxième et troisième crément dans des formes de même nature telles que *essēmus*, *amarēmus*, *amavissēmus*.

Evidemment un procédé si défectueux, contraire à la logique et à la vérité, peut être abandonné sans regret, et nous espérons obtenir l'approbation de nos collègues, en leur proposant dans cette Prosodie une méthode rationnelle qui exclut le crément.

Dans le premier chapitre, nous avons donné, suivant l'usage, des règles générales, mais avec discrétion. Quelques-unes, « *dans les ouvrages analogues,* comme le fait remarquer M. Quicherat, *sont assez souvent restreintes par des exceptions aussi larges qu'elles ; dans ce cas il devient difficile de dire quelle est la règle et quelle est l'exception ; l'une pourrait avec autant de raison être prise pour l'autre.* » Aussi avons-nous renvoyé aux règles particulières pour ce qui concerne les finales en *a* et en *e*, en *c* et en *s*. D'autre part, notre méthode nous a permis de réduire beaucoup le nombre des finales. *Sīs, velīs* se confondent avec *sīmus, velīmus;* la quantité du nominatif *œtas* est indiquée par celle du radical *œtāt-(is)*. Il nous suffit de signaler quelques exceptions comme *pēs*, radical *pĕd-(is)*, *dolŏr*, radical *dolōr-(is)*. L'affaiblissement des finales étant un fait important qui domine toute la prosodie latine, nous sommes entrés à ce sujet dans quelques détails. Sur la question de la longueur par position, nous avons jugé utile de revenir à la doctrine des anciens :

nous enseignons que c'est la *syllabe*, et non pas la *voyelle*, qui est longue par position. La quantité propre de la voyelle est distincte de la quantité de la syllabe; dans la syllabe longue par position, la voyelle brève par nature garde sa quantité et doit se prononcer brève : ainsi s-ŭ-b et ŏ-b dans *subjicit*, *objicit* (¹). Il importe, au point de vue de la prononciation et de l'accentuation, de ne pas laisser subsister plus longtemps une confusion qui se perpétue depuis le moyen âge (²).

Pour la disposition des règles particulières, nous avons suivi l'ordre de la grammaire, et c'est l'analyse des formes grammaticales qui a servi de base à notre classification. Ce système offre un double avantage. D'abord les faits prosodiques viennent se grouper d'eux-mêmes d'après leur affinité naturelle, de manière à guider la mémoire de l'élève : ainsi s-ŭ-mus, leg-ĭ-s, leg-ĭ-mus, leg-ĕ-re, celebrab-ĕ-re (règle sur les voyelles de liaison); amā-s, amā-mus, monē-s, monē-mus, audī-s, audī-mus (règle sur la finale du radical dans les verbes contractes). Ensuite la quantité se trouvant expliquée souvent par le mécanisme de la déclinaison et de la conjugaison (³), il devient inutile de multiplier les exemples après chaque règle.

(1) V. Aulu-Gelle, liv. IV, ch. 17. Cette distinction entre la quantité de la voyelle et la quantité de la syllabe est bien marquée en grec dans les formes telles que λ-ε-πτότερος, κ-ο-μψότερος. — C'est par la quantité de la *voyelle* et par l'accent que se distinguent des homonymes qui ont la même *syllabe* longue : ainsi *lŭstrum*, bauge, et *lūstrum*, purification, *ĕst* du verbe *sum* et *ēst* du verbe *edo*, manger, *lĕctus*, un lit, et *lēctus* du verbe *lego*. V. la note *à la fin de la Prosodie*, p. 39.

(2) « La notion de la longueur par position s'était obscurcie dès le IXᵉ siècle... Pierre Hélie (commentateur de Priscien au XIIᵉ siècle) enseigne que la voyelle est allongée par les consonnes qui la suivent. » C. THUROT, *Notices et extraits de divers manuscrits latins pour servir à l'histoire des doctrines grammaticales au moyen âge*, p. 419.

(3) La quantité des syllabes s'explique souvent sans difficulté par l'étymologie, par la formation des mots, et en analysant avec soin les formes grammaticales, dès le commencement des études de grammaire, on peut apprendre, presque sans effort, la plus grande partie

Comme les mots grecs, en interrompant la suite des règles par des exceptions trop nombreuses, peuvent être une cause d'embarras et de désordre, nous les avons rejetés dans un chapitre spécial.

Nous avons ajouté à cette première partie de notre livre quelques notions générales sur l'accentuation à cause de ses rapports avec la prosodie, et une liste des homonymes latins distingués par la quantité.

II

En ce qui concerne la Métrique, notre but est celui-ci : mettre les élèves en état de scander facilement tous les vers qu'ils peuvent avoir à traduire dans les versions ou les explications orales, et pour cela leur fournir des notions précises et méthodiquement ordonnées.

Nous avons adopté les théories acceptées par la science moderne, dont le grand avantage est de présenter aux écoliers un système commode et facile à retenir. Toutes les formes de versification ont été exposées, sauf les mètres des vieux comiques, à cause des nombreuses irrégularités ou particularités de prosodie qui s'y rencontrent. Nous avons négligé également les mètres qui ne sont pas encore employés dans la période classique.

Nous devons signaler à l'attention de nos collègues qui voudront bien se servir de notre livre un point particulier. La définition de la césure employée, jusqu'ici dans tous les traités élémentaires est non seulement arbitraire et contraire à l'usage des anciens(¹), mais, ce qui est plus grave, elle ne s'ap-

des notions réunies à l'usage des écoliers dans nos traités de prosodie. — E. EGGER, *Notions élémentaires sur la grammaire comparée*, p. 20.

(1) La définition de la césure enseignée dans nos classes remonte, comme la théorie du crément, aux grammairiens du moyen âge. « On trouve dans un manuscrit le fragment suivant sur les césures écrit

plique pas à toutes les césures. En effet, si la césure est « une syllabe longue qui finit un mot et commence un pied », le trimètre iambique, plusieurs formes de vers lyriques et quelquefois même l'hexamètre n'ont pas de césure ([1]) :

Ex. : *Trim. iamb.* Bĕā-|tŭs ĭl-|lĕ quī|prŏcŭl|nĕgŏ-|tĭīs.   Hor.
     Saph. Tēquĕ|dūm prŏ-|cēdĭs ī-|ō trī-|ūmphĕ.   Hor.
     Hex. Lābĭtŭr|èt lā-|bĕtŭr ĭn |ōmnĕ vŏ-|lūbĭlĭs|ævŭm. Hor.

D'autre part, la césure, par la place qu'elle occupe d'après cette définition, détruit la liaison des pieds et l'harmonie du vers :

  Ex. : Te veniente di-*e* te decedente canebat.   V.

L'*e* final de *die* est *coupé* de la première partie du mot à la fois par le rythme et par la césure. Or les rejets d'une ou deux syllabes finales d'un mot sur le pied suivant doivent avoir surtout pour effet de dissimuler le mouvement trop marqué du rythme, en reliant les pieds entre eux.

C'est aux métriciens grecs et latins, et non pas aux grammairiens du moyen âge, qu'il faut demander une définition exacte du mot césure. Pour eux ce mot signifie non pas coupure des *mots*, mais coupure des *vers* (*Incisiones versuum quas græci* τομάς *vocant*[2]). La poésie étant à l'origine inséparable de la musique et du chant, un repos est nécessaire à l'oreille après une série déterminée de rythmes ; de là il résulte que tout vers d'une certaine longueur se divise en deux membres (*Omnis versus in duo*

à la fin du XIIᵉ ou au commencement du XIIIᵉ siècle : *Cesura* (sic) *est quando aliqua diclio ita dividitur quod ultima syllaba diclionis perficientis antecedentem pedem incipit sequentem.....* Alexandre de Villedieu (auteur du *Doctrinal*), appelle césure l'allongement de la syllabe brève qui termine un mot et commence un pied ». C. Thurot, *déjà cité*, p. 448, 449.

(1)   « Arrectæque horrore comæ et vox faucibus hæsit. «Ce vers n'a pas de césure... Cependant il satisfait l'oreille». *Nouvelle prosodie latine*, par M. L. Quicherat, p. 75.

(2) *Marius Victorinus*, p. 2508; *Éd. Putsch.*

cola dividitur ([1]) ; le repos qui suit le premier membre, et qui nécessairement est placé après la fin d'un mot, s'appelle *césure* ([2]).

Dans l'hexamètre cité plus haut, c'est à la fin du mot *die* que se termine d'une manière satisfaisante pour l'oreille le premier membre ; c'est là qu'est la vraie place de la césure.

Te veniente die | te decedente canebat.

Les vers suivants seront divisés de même :

Ex. : *Pent.*	Tempora si fuerint	nubila, solus eris.	Ov.
Trim. iamb.	Phaselus ille	quem videtis, hospites.	Cat.
Saphique.	Ludit herboso	pecus omne campo.	Hor.
Asclép.	Mæcenas atavis	edite regibus.	Hor.

Tantôt le repos se trouve exactement après la première syllabe du 3e pied, comme dans les exemples précédents, tantôt il se déplace légèrement, comme dans les exemples qui suivent :

Césure après la 2e syllabe du 3e pied :

Ex. : *Hex.* Daphnin ad astra feremus ; | amavit nos quoque Daphnis. V.

    Labitur et labetur | in omne volubilis ævum. Hor.

   Saphique. Augur et fulgente | decorus arcu. Hor.

Césure après la 1re syllabe du 4e pied :

Ex. : *Hex.* Infandum, regina, jubes | renovare dolorem. V.

   Trim. iamb. Opus foret volare | sive linteo. Cat.

Dans tous ces vers le second membre vient se souder au premier au milieu d'un pied, excepté

---

(1) *Id.* p. 2498. — « Τὸ ἴσον (γένος)... πληροῦται ἕως ἑκκαιδεκασήμου, διὰ τὸ ἐξασθενεῖν ἡμᾶς τοὺς μείζους τοῦ τοιούτου γένους διαγιγνώσκειν ῥυθμούς. *Aristide Quint.* De mus. l. I, p. 35 ; éd. *Meibomius*. Le genre *égal* (où l'arsis et la thésis ont une égale durée), ne comporte que seize temps (qui équivalent à quatre pieds) : au delà de cette limite, la perception des rythmes cesse d'être distincte ». Or l'hexamètre, la plus ancienne forme régulière de la poésie grecque, appartient au genre *égal* et contient vingt-quatre temps ; il a donc été formé nécessairement avec deux membres.

(2) Chez les Grecs, le mot césure désigne le premier membre, la première *section* du vers : « Τομή ἐστι μόριον μέτρου ὑπὲρ δύο πόδας εἰς ἀνόμοια μέρη διαιροῦν τὸ μέτρον ». *Aristide Quint.* L. I, p. 52. Il n'y a donc en réalité qu'une césure dans le vers : c'est par extension qu'on a donné aussi le nom de césures aux repos qui séparent à la fin d'un mot les deux parties d'un pied.

dans le pentamètre et l'asclépiade où la césure est suivie d'un *silence* (¹).

Quelquefois la césure tombe à la fin d'un pied. Cette coupe, employée exceptionnellement dans l'hexamètre, est régulière dans certaines espèces de vers :

Hex. Impulit in latus | ac venti velut agmine facto....   V.
Grand Archil. Solvitur acris hiems grata vice | veris
                  et Favoni.   Hor.
Tétr. troch. cat. Unda miseris grata Lethes | vosque
              torpentes lacus.   Sén.

Ainsi la règle du repos ne souffre pas d'exception; les parties constitutives de chaque vers sont séparées par la césure, comme les vers eux-mêmes sont séparés les uns des autres par l'arrêt final (²). Nous pensons que cette théorie si simple et qui s'appuie sur l'autorité des anciens, peut et doit être introduite dans notre enseignement.

III

Une étude entièrement abstraite des règles de la prosodie et de la versification serait nécessairement stérile pour des enfants. Aussi avons-nous cru devoir joindre à ce traité quelques modèles d'exercices, destinés à graver dans l'esprit des élèves la quantité des syllabes, et les règles relatives aux différentes sortes de vers. Nous nous sommes en cela conformés aux indications du nouveau plan d'études.

Dans notre pensée, ces exercices doivent être principalement *oraux* et se faire en classe, sous la direction du maître; cependant pour permettre aux professeurs d'en donner à faire un certain nombre sous forme de devoir écrit, nous avons emprunté une partie de nos exemples aux poètes, anciens ou modernes, qui ne sont pas entre les mains des élèves.

(1) V. p. 46. *Vers catalectiques.*
(2) C'est ce qui explique pourquoi la césure est souvent accompagnée de licences prosodiques, semblables à celles de la fin du vers.

PROSODIE LATINE

CHAPITRE PREMIER
NOTIONS PRÉLIMINAIRES

DE LA QUANTITÉ

§ **1.** La prosodie (1) a pour objet les règles relatives à la quantité.

On appelle *quantité* la durée plus ou moins longue du temps qui est nécessaire pour prononcer chaque syllabe.

Les syllabes sé prononcent plus rapidement les unes que les autres : les unes ne durent qu'*un temps* et sont appelées *brèves*, comme *rosa ;* les autres durent *deux temps* et sont appelées *longues*, comme *flores*.

En latin comme en grec, la versification repose sur la quantité, c'est-à-dire sur les combinaisons variées des brèves et des longues.

Les syllabes brèves se marquent par un c renversé ex. : *rŏsă ;* les syllabes longues par un trait horizontal, ex. : *flōrēs* (2).

Quelques syllabes sont *communes*, c'est-à-dire brèves ou longues à volonté ; elles se marquent par le double signe ×, ex. : *tenĕbræ.*

---

(1) Le mot *prosodie* (de πρός, à côté de, et ᾠδή chant) signifie primitivement le chant, l'intonation qui accompagne la prononciation de chaque syllabe, c'est-à-dire l'accent ; (*V. p.* 31, *n.* 1); par extension, la quantité et les règles de la quantité.

(2) Les Latins ont essayé différents moyens pour distinguer les voyelles *longues* des voyelles *brèves :* 1º le redoublement de *a, e, u* pour *a, e, u* longs, *aara* pour *āra; leege* pour *lēge, juus* pour *jūs ;* 2º l'emploi du grand *I* pour *i* long, *dIvus* pour *dīvus ;* enfin ils ont adopté comme signe distinctif des voyelles longues un signe particulier nommé *apex*, dont la forme a beaucoup varié ; le plus souvent ´ *hóra.*

RÈGLES GÉNÉRALES

DES SYLLABES BRÈVES

§ 2. Sont brèves les syllabes où la voyelle est brève, excepté quand cette voyelle est suivie de deux consonnes (V. § 4), comme *bŏnŭs.*

DES SYLLABES LONGUES

§ 3. Les syllabes *sont* longues par *nature* ou *deviennent* longues par *position* (1) :

Syllabes longues par nature.

Sont longues par *nature :*

1° les syllabes où la voyelle simple est longue, soit par nature, comme *nōs, cārus,* soit par suite d'une contraction ou d'une syncope (2), comme *nīl* pour *nĭhĭl, cōgo* pour *cŏŏgo, cūpia* pour *cŏŏpia, filī* pour *filĭĕ, mālo* pour *măgĕvŏlo, nōlo* pour *nĕvŏlo, sūmo* pour *subĕmo, bīgæ* pour *bĭjŭgæ, mōmentum* pour *movmentum, exāmen* pour *exagmen, contāmino* pour *contagmino, dīversus* pour *dis-versus* (3) :

2° les syllabes qui renferment une diphtongue, comme *aūri, cǣlum, eūrus, heī* (ou *eī*) ;

Ex. : . . . . Quid non mortālia pectora cōgis,
          Aūri sacra fames? . . . .   **V.**

Syllabes longues par position.

§ 4. *Deviennent* longues par *position* les syllabes qui

---

(1) En grec φύσει, θέσει. Ces termes paraissent empruntés à la langue philosophique qui oppose au mot φύσει, *naturellement,* le mot θέσει, *artificiellement, par convention.*

(2) V. gramm. lat. de M. CHASSANG (*Cours supérieur*), § 14. Pour simplifier, nous comprenons aussi sous le nom de *syncope* la suppression d'une consonne au milieu d'un mot.

(3) Excepté *nivis* pour *nig-vis* ; c'est même le seul mot *simple* qui ait un *i* bref devant un *v.* V. pour l'apocope et la suppression des consonnes finales §§ 21 et 22.

renferment une voyelle brève par nature suivie de deux ou plusieurs consonnes :

1° *dans le même mot* (1) comme (*căpio*) *căptus*, (*ĕs*) *ēst*, (*sŏlutus*) *sōlvo*, (*ĭn*) *īntra*, (*dŭcis*) *dūx*, *x* étant une consonne double (2) ;

2° les deux consonnes étant placées, la première à la fin d'un mot, la seconde au commencement du mot suivant, comme (*sternĭt*) *sternĭt sata*, (*ĕt*) *ēt prœlia* (3).

Ex. : Stērnĭt agros, stērnĭt sata læta boumque labores.   V.

Pour les voyelles finales brèves suivies de deux consonnes, v. § 6.

REMARQUES. — Dans la syllabe longue par *nature*, la voyelle est longue et se prononce longue ; dans la syllabe longue par *position*, la voyelle est brève par nature et se prononce brève. L'allongement de la syllabe s'explique soit par la durée des consonnes accumulées qui comptaient pour deux demi-temps ajoutés au temps de la voyelle brève, soit par la durée de la pause qui séparait dans la prononciation les deux consonnes : *cap-tus, modes-tus, es-t.*

Dans la mesure du vers, les syllabes longues par position comptent autant que les syllabes longues par nature.

H étant simplement un signe d'aspiration ne compte pas comme consonne.

Ex. : Unŭs (h)ŏmo nobis cunctando restituit rem.   Enn.

DES SYLLABES COMMUNES

§ 5. Quand une voyelle brève par nature est suivie *dans le même mot* de deux consonnes dont la première est une muette et la seconde une des liquides *r* ou *l*, la syllabe devient commune, comme (*ăger*) *ăgri*, (*păter*) *pătrıs*, *pŏples*, *dŭplex* (4).

Ex. : Natum ante ora pătris, pātrem qui obtruncat ad aras. V.

(1) V. la note *à la fin de la Prosodie,* p. 3°.

(2) *Z* ne figure que dans quelques mots étrangers ; la voyelle qui le précède est longue : *gāza.*

(3) *S* final ayant un son très faible, surtout quand il était précédé d'une voyelle brève, les anciens poètes n'en tenaient pas compte dans la mesure des vers :

Ex : *Omnibŭs cura viris* dans Ennius, et même *Tu dabĭs supplicium* dans Catulle. On écrit aussi avec une apostrophe, *Omnibŭ' cura viris. Tu dabĭ' supplicium.*

(4) Cependant la syllabe reste exclusivement brève dans quelques mots comme *alăcris, arbĭtrium, bĭfrons, genĭtrix ;* au contraire *piger* fait toujours *pigri, niger, ruber* le plus souvent *nigri, rubri.*

Rᴇᴍ. — La syllabe est brève ou longue suivant qu'on prononce: *pa-tris* ou *pat-ris*. Dans les mots composés, les deux consonnes appartenant à deux mots différents, l'allongement par position a toujours lieu; ainsi *āb-luo*, *ōb-ruo*, *sŭb-limis*.

VOYELLE FINALE BRÈVE SUIVIE DE DEUX CONSONNES

§ 6. Les poètes, en général, évitent de placer un mot terminé par une voyelle brève devant un mot commençant par deux consonnes, particulièrement *sc*, *sp*, *st* ou *x*. Lorsqu'ils le font par exception, la règle de position est tantôt observée, tantôt négligée :

Ex.   . . . . .date telā : scandite muros.   V.
         Sæpĕ stylum vertas. . . . .   H.

Mais si la seconde de ces consonnes initiales est une liquide, la voyelle finale brève ne s'allonge pas.

Ex. : Concordes animæ nunc, et dum noctĕ premuntur.   V.

RENCONTRE DES VOYELLES.

§ 7. La prosodie latine adoucit la rencontre des voyelles par les moyens suivants :

1° *Dans l'intérieur d'un mot.*

Quand deux voyelles se rencontrent dans l'intérieur d'un mot sans former une diphtongue, la première est ou devient brève, comme *timĕo*, *audĭo*, *cŏĕo*, *mĭ(h)i*.

Ex. : . . . . . timĕo Danăos et dona ferentes.   V.

Ainsi s'abrègent en composition :
præ dans *pră̆ustus*, *pră̆acutus*, *pră̆eunte ;*
de dans *dĕhinc*, *dĕhisco ;*
pro dans *prŏavus*, *prŏhibeo.*

Exceptions. Il faut excepter *dīus* pour *dīvus*, *Dīana*, *ōhe*, et quelques formes où *i* a la valeur de *ii* :

1° *aurāi* (génitif archaïque de la première déclinaison), *dĭĕi* (pour *aurai-i*, *diei-i*) ;

2° les génitifs en *ius* (pour *i-ius*), *alīus*, *neutrīus* (pour *ali-ius*, *neutri-ius*) ; l'*i* est commun dans les autres génitifs : *illĭ̄us*, *unĭ̄us ;* il s'est même complètement abrégé dans *alterĭus ;*

3° *fĭo* (pour *fŭio*), *fĭunt*, *fĭam;* l'*i* s'est abrégé dans *fĭeri*, *fĭerem*.

Ex. : Omnia jam fĭent, fĭeri quæ posse negabam.   Ov.

REMARQUE. Le groupe *qu* comptant comme une seule lettre, l'*u* qui suit le *q* n'a pas de valeur prosodique, comme *ĕq(u)ŏ, q(u)ĭes*.

Ex. : Omnibus ună q(u)ĭes operum............   V.

Il en est de même pour l'*u* qui suit le *g*, comme dans *lĭng(u)ă, ăng(u)ĭs. pĭng(u)ĭs, săng(u)ĭs, extĭng(u)ŏ, lăng(u)ĕo*. Il faut excepter les parfaits tels que *lăng-ŭi*, les adjectifs en *guus* comme *ambĭgŭus* et le verbe *argŭo*.

2° *Entre mots différents. Élision.*

§8. Quand deux voyelles se rencontrent l'une à la fin d'un mot, l'autre au commencement du mot suivant, la première se fond avec la seconde, au point de ne plus compter dans la mesure du vers : c'est ce qu'on appelle *synalèphe* (1) ou *élision*. L'élision est marquée par ce signe ⌢.

Ex. : Conticuere omnes, intentique ora tenebant.   V.

La règle de l'élision s'applique également aux diphtongues et aux finales en *m, m* finale se prononçant très faiblement, au point de disparaître devant une voyelle (2).

Ex. : Monstru (m) horrendu (m), informe, ingens, cui lumen
                                                      ademptum V.

Dans les finales en *m*, la voyelle est brève par nature; mais, quand ces finales sont placées devant une consonne, elles s'allongent par position.

Ex.: Sŭm pius Æneas . . . .   V.
Pour *nostrumst, ulmost*, au lieu de *nostrum est, ulmo est* V. le chap. de l'*Accentuation* : Enclitiques.

REMARQUES SUR L'ÉLISION.

§9. En général, les voyelles brèves sont plus fré-

(1) De συναλοιφή, mélange, fusion.
(2) C'est ainsi que *venum eo* s'est réduit à *veneo, animum adverto* à *animadverto*. Il faut remarquer cependant *circumago*.

quemment élidées que les finales en *m* (1), les finales
en *m* plus fréquemment que les voyelles longues.

L'élision des monosyllabes *longs* ou en *m* est rare,
principalement devant une brève.

Les exceptions les plus nombreuses portent sur les mots invariables *num, tum, jam, nam,* et sur *qui* (nom. sing.), *me, te, se, tu,
mi* (datif) et *sum.*

Les poètes qui ont usé avec le plus de liberté de l'élision sont :
Plaute, Térence, Ennius, Lucilius, Horace dans ses satires, Virgile;
mais Ovide et ses imitateurs sont plus sévères. En général, on peut
dire que les élisions sont devenues de plus en plus rares et de moins
en moins dures.

HIATUS.

§ **10.** Lorsque l'on n'observe pas la règle de l'élision, la rencontre
insolite des deux voyelles forme un *hiatus.*

Les interjections *o, ah* (ou *a*), *proh* (ou *pro*), *heu* (ou *eu*) ne s'éli-
dent jamais.

Ex. : O pater, ō hominum, divumque æterna potestas.   **V.**

Dans tous les autres cas, l'hiatus constitue une exception assez
rare.

Les hiatus les plus fréquents sont ceux de la voyelle longue ; on
les rencontre, pour la plupart, dans la partie forte du pied, surtout
devant la césure principale, ou bien aussi devant des noms propres
et des mots grecs :

Ex. : Nereidum matrī et Neptunō Aegeo.   **V.**

Les autres cas sont beaucoup plus rares ; en voici pourtant
quelques exemples :

Addam cerea prună. Honos erit huic quoque pomo.
(Virg., *Buc.*, II, 53.)
..... Cocto nūm adest honor idem?
(Hor., *Sat.* II, 2, 38.)

On trouve un très petit nombre d'exemples où la voyelle longue
non élidée s'abrège (2) :

Ex. : Te Corydon, ō Alexi : trahit sua quemque voluptas.
(Virg., *Buc.*, II, 65.)
Et longum, formose, valĕ valĕ, inquit, Iolla.
(Virg., *Buc.*, III, 79.)
Insulæ Ionio in magno. . . . .
(Virg., *En.*, III, 211.)

(1) Pour distinguer les finales en *m* des syllabes terminées par une
voyelle brève, on leur a donné le nom de *moyennes.*
(2) Imitation de la prosodie grecque.

SYNÉRÈSE.

§ 11. Dans le corps des mots, il se produit quelque chose d'analogue à l'élision. Nous avons vu que quand deux voyelles se rencontrent, la première est brève, par exemple : *dĕhinc*. Quelquefois elle s'abrège au point de disparaître dans la mesure du vers ; ainsi *dĕhinc* peut se réduire à *d(e)hīnc*, *aurĕō* à *aur(e)ō*. Cette sorte de syncope s'appelle *synérèse* (1).

La synérèse, très fréquente chez les vieux poètes, est de règle dans quelques mots, tels que *alv(e)āre*, *d(e)ēst*, *d(e)ērrat*, *d(e)īnde*, *ant(e)ït*, *ant(e)hāc*, dans les composés de *semi*, *sem(i)ănimis* (2), *sem(i)hŏmo*. Elle est en usage dans *pr(o)īnde*, *(e)ōdem*, *(e)īsdem* et dans les cas en ī, ō, īs des noms et adjectifs en *eus* : *ferr(e)ī*, *alv(e)ō*, *aur(e)īs*.

Ex.: . . . . simul accipit alv(e)ō
Ingentem Æneau. . . . .   **V.**

PERMUTATIONS ENTRE *j* ET *i*, *u* ET *v* (3).

J ou *I consonne*.

§ 12. *J* compte pour une consonne simple.

Ex.: Ast ego quæ divum incedo reginā, Jovisque
Et soror et conjux . . . .   **V.**

La règle de position est observée dans *ăb-jungo*, *ăb-jicio* (4), *ĕt jam*.

Dans l'intérieur des mots, toute voyelle suivie immédiatement d'un *j* est longue, soit par nature comme *Pompējus*, *Cājus*, soit par suite d'une contraction ou d'une syncope, comme *mājor* pour *magior*, *pē-jero* pour

(1) συναίρεσις, contraction. On dit encore *synizèse* (συνίζησις, affaissement).
(2) On écrit même *desse*, *derrara*, *semanimis*.
(3) Les Latins représentaient par le même signe *i* et *j* (*i* voyelle et *i* consonne qui avait le son de notre *y*), *u* et *v* (*v* voyelle et *v* consonne).
(4) Remarquons la chute du *j* dans certains composés de *jăcio* : *ăd-icio* et *ăb-icio*, *ŏb-icio*, *reicio* (*rei* ne forme qu'une syllabe).

per-juro, rĕjicio pour *red-jicio*, et les génitifs *ējus, cūjus, hūjus* (pour *ei-ius, cui-ius, hui-ius*) (1).

Ex. : Nescio quid mājus nascitur Iliade.   Prop.

I voyelle équivalant à J.

§ 13. Quelquefois les poètes donnent à *i* la valeur de *j*, ainsi *ārjete* (pour *ărĭete*), *ābjete, pārjete, flūvjorum, princīpjum, omnja* (pour *omnia*).

Ex. : . . . . .quin protinus omnja
Perlegerent oculis. . . . .   V.

U équivalant à V.

§ 14. *U* a la valeur d'un *v* :

1° Après *s* initial dans *svāvıs* (pour *suavis*), *svādeo, svesco* et les dérivés ou composés.

Ex. : Svāve mari magno, turbantibus æquora ventis...   Lucr.

2° Dans quelques mots, comme *gēnva* pour *gĕnŭa, tēnvia* pour *tĕnŭia, pītvīta* pour *pītŭīta*.

Ex. : Gēnvă lábant . . . .   V.

V équivalant à U.

§ 15. Plus rarement les poètes comptent comme *voyelle* le *v* dans les mots où il est ordinairement *consonne* ; par exemple : *sılŭæ* pour *sılvæ, mılŭus* pour *mılvus, sŭĕtus* pour *svĕtus*, dans Horace. C'est ce qu'on appelle *diérèse* (διαίρεσις, division).

DES SYLLABES FINALES.

1° *Finales en consonnes.*

§ 16. Sont généralement brèves les finales en consonnes, sauf celles en *c* et en *s* :

Finales en *b* : *ăb, ŏb, sŭb ;*
en *d* : *ăd, illŭd, apŭd ;*
en *l* : *nihĭl, procŭl, semĕl* (2) ;
en *n* : *flumĕn, tamĕn, ăn, ĭn* (3) ;

. (1) Il faut excepter les composés de *jŭgum: bijŭgus, quadrijŭgus*. Le verbe *ājo* (aio) fait *ă-is, ă-it*.
(2) Excepté *nıl, sŏl*.
(3) Excepté *ēn, nōn, quın, sın*.

en *r*: *patĕr*, *fĕr*, *legitŭr*, *dicĭĕr*, inf. passif archaïque (1);
en *t ;* *capŭt*, *tŏt*, *legĭt*.

> Ex.: Vitaque cum gemitu fugĭt indignata sŭb umbras.   V.

REMARQUE. — Les consonnes finales *l*, *r*, *t* ont la propriété d'abréger la voyelle précédente, voir § 18.

2° *Voyelles finales.*

§ 17. Sont généralement longues :

Les finales en *i* : 1° *Dominī*, *diēī*, *puppī*, *quī*, *vigintī*.

2° *fuī*, *monuistī*, *dicī*.

3° *sī*, *nī*, *utī* (2).

en *u* : *manū*, *gelū* (3), *diū*, *dictū* et le pronom *tū*.

Cependant *i* final est commun dans *mihĭ*, *tibĭ*, *sibĭ*, *ibĭ*, *ubĭ ;* bref dans *nisĭ*, *quasĭ*, *sicubĭ*, *necubĭ* (4).

> Ex.: Tū mihĭ quodcumque hoc regnī, tū sceptra Jovemque
> Concilias...   V.

O final, primitivement long, s'est souvent abrégé. V. § 19 et la *note.*

N. B. — Pour les autres voyelles et pour les finales en *c* et en *s*, nous renvoyons aux règles particulières, la quantité de ces finales étant très variable.

FINALES ABRÉGÉES.

§ 18. Les syllabes longues, à l'origine très nombreuses dans la langue latine, se sont souvent abrégées, surtout à la fin des mots (voir le chap. de l'*Accentuation*). Nous avons vu précédemment *mihĭ*, *tibĭ*, etc. Ainsi se sont abrégés :

1° Dans les déclinaisons, les nominatifs en *al* et en *ar* des adjectifs pris substantivement, comme *animăl*, *calcăr*, gén. *animālis*, *calcāris* (5); les nominatifs en *or* comme *dolŏr*, *meliŏr*, gén. *dolōris*, *meliōris*;

2° Dans les conjugaisons, toutes les finales des verbes en *r* et en *t*, comme *legăr*, *amĕr*, *monĕt*, *audĭt*, etc. , quelle que soit la quantité de la même voyelle aux autres personnes, comme *legāris*, *amēris*, *monēs*, *audīmus*, etc.

Il faut excepter les formes de parfaits contractes, comme *obĭt*, pour *obiit*, *petĭt*, pour *petiit*, *inrītāt*, pour *inritavit*, et même le plus souvent la forme non contracte *īt* et ses composés, ainsi que *petīit*.

---

(1) Excepté *cŭr*, *fŭr*, *fār*, *hīr*, *pār*, et les mots grecs *æthēr*, *aēr*, *cratēr*.
(2) *Puppī* abl. est pour *puppīd*, et dat. pour *puppeī ; quī*, *fuī*, *sī*, *nī* pour les formes archaïques *queī*, *fueī*, *seī*, *neī; dicī* pour *diceī*.
(3) Voir § 32.
(4) Pour *i* final dans les mots grecs, voir chap. III.
(5) Voir pour la quantité de *ăli(s)*, *āri(s)* la liste des *suffixes*. p. 30.

1.

O final abrégé.

§ 19. *O* final, primitivement long, comme dans *virgō*, *laudō*, est devenu commun, principalement quand il est précédé d'une brève ou d'une longue et d'une brève :

1° Dans quelques nominatifs, comme *homŏ*, *leŏ*, *Catŏ*, *Polliŏ* ;

2° Dans les formes de première personne, comme *amŏ*, *erŏ*, *dabŏ*, *dixerŏ*.

Il est même devenu bref dès le siècle d'Auguste dans *putŏ*, *volŏ*, *sciŏ* et *nesciŏ*.

Ex.: Hoc volŏ, sic jubeō, sit pro ratione voluntas.   Juv.

Il est bref dans *egŏ*, *duŏ*, dans *cedŏ* (impératif pour *cedito*).

Il est resté long au datif et à l'ablatif sing. de la deuxième déclinaison, excepté dans les formes adverbiales *citŏ*, *modŏ* et ses composés (1).

Ex.: Vidi egŏmet, duŏ de numerō cum corpora nostro
Frangeret...   V.

Finales affaiblies en e bref.

§ 20. *E* est bref dans quelques finales affaiblies, comme *dominĕ* (vocatif), radical *domino; patrĕ*, abl. (pour *patrē*); *illĕ*, *istĕ* (pour *illūs*, *istūs*); *amaverĕ* (pour *amaverunt*); *amarĕ*, *celebraberĕ* (pour *amaris*, *celebraberis*); *magĕ*, *potĕ*, *fortassĕ* (pour *magis*, *potis*, *fortassis*); *herĕ* (pour *heri*).

Apocope.

§ 21. L'apocope ne modifie en rien la quantité de la syllabe précédente : *socĕr(us)*, *nihĭl(um)*, *fāc(e)*, *dīc(e)*, *dūc(e)*. Quelquefois cependant cette syllabe s'abrège : *vidĕn*, *nostĭn* pour *vidēsne*, *nostĭne*. Nous avons déjà vu *animăl*, *calcăr* pour *animāle*, *calcāre*. § 18, 1°.

Ex.: .... Vidĕn' ut geminæ stant vertice cristæ ?   V.

Suppression des consonnes finales.

§ 22. La suppression d'une consonne a lieu sans allongement compensatoire :

1° devant la désinence *s* dans la plupart des nominatifs dont le radical est bref, comme *segĕs*, *hospĕs*, *obsĕs*, rad. *segĕt(is)*, *hospĭt(is)*,

(1) Ovide et surtout les poètes postérieurs au siècle d'Auguste continuent à abréger *o* final : par ex. *ambŏ*, *octŏ*, *estŏ*, *credŏ*, *ergŏ*, *quandŏ*, *immŏ*, même les gérondifs ablatifs, *vincendŏ*, *lugendŏ*. Cependant *o* est resté long dans les monosyllabes *dō*, *nō*, *stō*.

obsĭd(is); (il faut excepter *abiĕs, ariĕs, pariĕs, pĕs* et ses composés, ainsi que *Cerēs, Cerēris*);

lapis, cuspis, rad. *lapĭd(is), cuspĭd(is)*; *pulvis* pour *pŭlvis-s*; *sanguis* pour *sanguen-s* (1);

compŏs, rad. *compŏt(is)*;

Ex. : Vivitur ex rapto ; non hospĕs ab hospĭte tutus.   Ov.

2° à la fin des monosyllabes *cŏr, fĕl, mĕl, ŏs*, rad. *cord(is), fell(is), mell(is), oss(is)*.

CHAPITRE II

DÉCLINAISONS

———

RÈGLES COMMUNES AUX DIFFÉRENTES DÉCLINAISONS.

§ 23. 1° Sont brèves les finales :

en *a* au neutre pluriel, comme *don-ă, oss-ă, forti-ă*;

en *jus* et en *ius*, comme *cu-jŭs, ill-iŭs, null-iŭs* ;

en *bŭs, ĭbŭs*, comme *avi-bŭs, consul-ĭ-bŭs, quĭ-bŭs, die-bŭs*;

2° Sont longues les finales en *is* au datif et à l'ablatif du pluriel, comme *ros-īs* (*rosais*), *prodigi-īs* (*prodigiois*), *quīs* (équivalant à *quibus*), *no-bīs, vo-bīs*;

Pour les finales en *i*, v. § 17.

Ex. : Prodigiīs actī caelestĭbus ossă piabunt.   V.

RÈGLES PARTICULIÈRES.

Première et deuxième déclinaison.

§ 24. A la première et à la deuxième déclinaison, la syllabe finale du radical est brève au nominatif et au vocatif : *rosă, dominŭ-s* (primitivement *dominŏ-s*), *dominĕ*.

Elle s'allonge aux autres cas : *rosā* (abl.), *dominō*; *rosā-s, dominō-s*; *rosā-rum, dominō-rum*; formes archaïques *aurā-i, familiā-s* (2).

Ex. : Natĕ deā, quæ nunc animō sententiā surgit (3) ?   V.

(1) Quelquefois *sanguīs*; *pulvīs* devant la césure dans Virg. (*En.*, l. I, 478).
(2) *Rosā, dominō* (abl.) sont pour *rosād, dominōd*; *domino* (dat.) pour *domino-i*; *rosa-s, domino-s* pour *rosam-s, dominom-s*; comparez *familias* avec ἡμέρας. Pour les autres cas, en *a*, en *m* finale, en *is*, voir les règles précédentes.
(3) V. pour *a* au neutre le § 23, 1°.

REMARQUE. — Dans les mots terminés en *r* au nominatif, comme *puer*, *vir*, la voyelle qui précède *r* est brève, *puĕro*, *viri*, *satŭrœ*.

Ex. : Ite domum satŭrœ, venit Hesperus, ite capellæ.   V.

Troisième déclinaison.

DÉSINENCES

§ 25. Sont brèves les désinences suivantes :

au génitif singulier, *ĭs* (en grec ος), *laud-ĭs ;*

à l'ablatif singulier, *ĕ* (v. § 20), *laud-ĕ, amor-ĕ.*

Ex. : Laudĭs amorĕ tumes . . . .   Hor.

Est longue la désinence *ēs* aux trois cas semblables du pluriel, *patr-ēs, op-ēs, crudel-ēs* (1).

Ex. : Albanique patrēs atque altæ mœnia Romæ.   V.

Pour les autres désinences, *v.* §§ 16, 17 et 23.

Observation. — Le nominatif garde généralement la quantité de la finale du radical, sauf quelques exceptions que nous signalerons au passage.

N. B. Nous ne mentionnons pas le vocatif qui se confond avec le nominatif.

FINALES DES RADICAUX

§ 26. Les radicaux de la troisième déclinaison admettent à leurs syllabes finales également toutes les voyelles, suivies ou non d'une consonne, tantôt brèves, tantôt longues, par ex. : *ætāt-is, trăb-is, nŭbĕ-s, segĕ-s* (pour *seget-s*), *turrĭ-s, lĭ-s* (pour *lit-s*), *sermōn-e, æquŏr-e, murmŭr-is, tellŭr-is*, etc.

Voici les règles de quantité particulières à chaque voyelle :

QUANTITÉ DES DIFFÉRENTES VOYELLES

§ 27. A est bref dans quelques radicaux en *ar* (2), *ar-is*, comme *jubăr-is, lăr-is, păr-is* et ses composés (3), ainsi que dans *dăp-is, făc-is, săl-is, trăb-is, văd-is.*

Ex. : . . . . . numero deus impăre gaudet.   V.

(1) Même quantité dans les formes, *omnĭs, urbĭs*, équivalant à *omneis, urbeis*. Pour *ĕs* au nominatif pluriel dans les mots grecs v. § 35.
(2) Ne pas confondre avec les radicaux en *ar* (*i*) comme *calcăr-is* : V. §18, 1°.
(3) Ajoutez quelques noms propres, comme *Cæsăris, Annibălis* et les mots grecs en *ăs, ădis.*

A est long dans tous les autres mots : *novităt-is, novi-
tā-s* (νεότητ-ος, νεότη-ς), *audūc-is, fās.*

Ex. : Heu pietăs! Heu prisca fides. . . . . .   V.

REMARQUE. — *A* est long au nominatif dans *fār, lār, mās, pàr* et *sāl.*

§ 28. *E* est long :

1° Au nominatif du singulier en *es* des mots pari-
syllabiques, comme *nubē-s, sedē-s*(1), (gén. *nub-is,
sed-is*).

Ex. : Scindit se nubēs, et in œthera purgat apertum.   V.

2° Dans quelques radicaux terminés par une consonne, et à tous les cas : *herēd-is, herēs, locuplēt-is,
mercēd-is, quiēt-is, lēg-is, rēg-is, plēb-is, vēr-is*(*vēr*),
vervēc-is, rēn-is (*rēn*).

E est bref dans tous les autres mots : *segĕt-is, segĕs,
divĕs, pulvĕr-is, munĕr-is, pĕd-is, abiĕt-is ;* et de même à
la finale des neutres : *marĕ, tristĕ, necessĕ.*

Ex. : Divĕs opum . . . .
. . . . Terram, Marĕ, Sidĕra, juro.   V.

L'*e* bref du radical s'allonge au nominatif sing. dans:
abiēs, ariēs, pariēs, Cerēs, pēs et ses composés, v. § 22.

§ 29. *I* est long :

1° Dans *dīs, dīt-is, glīs, glīr-is, līs, līt-is, Quirīs, Quirīt-is,
Samnīs, Samnītis, vīs, vīr-es ;*

2° Dans les mots qui ont le nominatif en *ix*, comme
radīx, radīc-is, felīx, felīc-is, sauf *calĭc-is, filĭc-is, fornĭc-
is, pĭc-is, salĭc-is, nĭv-is* et *vĭc-e* (nom. *vix* inusité).

Ex. : Vivite felīces, quibus est fortuna peracta.   V.

I est bref dans tous les autres mots : *avĭ-s, qualĭ-s
nom.), lapĭ-s ; sanguĭn-is, homĭn-is, gurgĭt-is, silĭc-is.*

Ex. : Qualĭs ubi in lucem coluber mala gramĭna pastus... V.

§ 30 *O* est bref dans tous les noms neutres : *robŏr-is,
œquŏr-a, pectŏr-a, ŏs* (*ossis*), sauf *ōs, ōr-is.*

(1) Ces formes appartiennent en réalité à la cinquième déclinaison ; *fu-
mes* a même gardé l'ablatif *famĕ*, et *requies, requiĕ.*

O est long dans les autres mots : *honŏs, honōr-is, flōs, flŏr-is, nepōs, nepŏt-is, dolōr-is, leōn-is, meliŏr-is* (1). **V.** la remarque.

  Ex. : Aut illæ pecŏri frondem, aut pastŏribus umbras
   Sufficiunt . . . .   **V**

Il faut excepter *arbŏr-is, bŏv-is* (les formes *bōs, bōbus,* sont pour *bov-s, bov-bus*), *lepŏr-is* (de *lepus*), *ŏp-is, scŏb-is, scrŏb-is, memŏr-is* (2).

REMARQUE. — Nous avons vu, aux §§ 18 et 19, que les nominatifs en *or* s'abrègent, et que les nominatifs en *o* sont quelquefois communs.

§ 31. — *U* est long :

1° Dans les deux nominatifs du singulier, *sū-s, grū-s;*

2° Dans *frūg-is, fūr, fūr-is, lūc-is,* et à tous les cas des noms en *us* (primitivement *ous*), qui font au génitif *udis, utis, uris,* comme *palŭs, palūd-is, salŭs, salūt-is, tellŭs, tellūr-is, plŭs, plūr-is ;* sauf *pecŭs, pecŭd-is.*

  Ex. : Una salus victis, nullam sperare salūtem.   **V.**

U est bref dans tous les autres mots : *lepŭs, corpŭs, consŭl-is, dŭc-is, murmŭr-is.*

  Ex. : Si canimus silvas, silvæ sint consŭle dignæ.   **V.**

Quatrième déclinaison.

§ 32. La quatrième déclinaison se confond en réalité avec la troisième. La quantité des désinences est la même (3).

La voyelle finale du radical est brève de sa nature : *portŭ-s* (nominatif singulier), *portŭ-bus, manĭ-bus;* mais elle s'allonge dans les formes contractes :

Au génitif du singulier *manū-s* pour *manu-ıs;*

au nominatif et à l'accusatif du pluriel, *manū-s* pour *manu-es;*

_____

(1) *O* reste long dans les comparatifs neutres.
  Ex. .... video meliōra, proboque.   **(Ov.)**
(2) Pour *compŏt-is, præcŏc-is,* v. le chapitre des *mots composés* et pour *compŏ-s,* § 22.
(3) V. *gramm. lat.* de M. CHASSANG. (*Cours sup.*) § 36, rem. 1.

à l'ablatif, et quelquefois au datif du singulier, *manŭ*
pour *manŭ-d* ou *manu-i* ;

à tous les cas des neutres en *u*: *gelŭ*, *cornŭ* (le nominatif est pour *gelu-c, cornu-e*).

> Ex. : Bis conatus erat casŭs effingere in auro.   V.

Cinquième déclinaison.

§ 33. *E* est long à tous les cas des noms de la cinquième déclinaison, *diēs, diē, diē-bus, diē-i* (1).

> Ex. : Nunc adeo melior quoniam pars acta diēi.   V.

E s'est abrégé dans les formes de génitif ou de datif du singulier, où il est précédé d'une consonne,
comme *rĕi, fidĕi*.

CHAPITRE III

MOTS GRECS (2)

1° RÈGLE GÉNÉRALE.

§ 34. Les mots grecs qui ont passé en latin gardent
généralement la quantité qu'ils avaient en grec (3).

> Ex. Noms communs : *Grammătĭcē, poēmă, poēmătă,*
> *lampăs, lampădis, hērōs* d'où *herōus* (4),
> *āēr, æthēr, cratēr* (ἀήρ, αἰθήρ, κρᾱτήρ), gén.
> *āĕris, æthĕris* (ἀέρος, αἰθέρος), *cratēris* (κρᾱ-
> τῆρος), *magnēs* (μάγνης), *magnētis.*

---

(1) V. § 7, *exceptions.*
(2) Il ne faut pas confondre les mots empruntés à la langue grecque et
ceux qui ont la même racine et la même quantité que les mots grecs
correspondants, comme *gĕnus* (γένος), *vĕtus* (Ϝέτος), *fĕro* (φέρω), *sĕcus* (ἱκάς),
sĕcius (ἧκιον devenu ἧσσον), *vŏrare* (βοράο), etc.
(3) **Excepté** les nominatifs en *or*, *Hectŏr* (Ἕκτωρ). V. § 18.
(4) **Dans** les mots dérivés du grec, une voyelle longue ne s'abrège pas
devant une autre voyelle ; cependant on trouve *chorĕa, platĕa*.

Noms propres : *Ænĕās* (Αἰνείας), *Alexandrĭa* ou *ĕa*, *Echō*,
       gén. *Echūs* (ἠχώ, ἠχοῦς), *Erinnȳs*, *Œdi-*
       pūs (Οἰδίπους), *Œdipŏdis* (1), *Pallăs*, *Pal-*
       lădis, *Pallās*, *Pallantis*, *Rhodŏs*, *Sirēn*,
       Titān, etc.

Terminaisons patronymiques : *Ænĕădēs*, *Pelīdēs*
(Πηλείδης), *Priamĭdēs* (Πριαμίδης).

2° RÈGLES PARTICULIÈRES

Première Déclinaison.

§. **35.** *A* est bref dans les vocatifs, tels que *Orestă*.

A reste long à tous les cas de *Æneas* : voc. *Æneă*, acc. *Æneān* (2).

E reste long à tous les cas de *grammaticē*, *ēs*, *ēn*, et dans les noms patronymiques : *Pelidē*, *Pelidēn*.

Deuxième Déclinaison.

On est bref dans les formes telles que *barbitŏn*, *Iliŏn*, *Rhodŏn*.

Troisième Déclinaison

Es est bref dans les nominatifs pluriels tels que *Troĕs*, *herŏĕs*, *Sirē ĕs*.

A et *As* sont brefs dans les accusatifs tels que *Gorgonă*, *herŏă*, *Troăs*, *herŏăs*.

Os est bref dans les génitifs tels que *Palladŏs*.

I est commun dans les datifs tels que *Paridĭ*.

I reste bref dans les mots tels que *Daphnĭs*, voc. *Daphnĭ*, acc. *Daphnĭn* ; de même dans *Daphnĭdis*.

§**36.** Quelques noms propres ont une déclinaison mixte :
Orpheūs, *Orphĕi* et *Orpheī* ou *Orphĕŏs*.
Achillēs, *Ulixēs*, gén. *Achillĭs*, *Ulixis*,
Achilleūs, (*Ulixeūs*), *Achillĕī*, *Ulixĕī* (3),
          et *Achillī*, *Ulixī*.

---

(1) Ou *Œdipūs*, *i*.

(2) *A* est même quelquefois long dans les nominatifs féminins, tels que *Argiā*, *Nemeā*.

(3) Remarquons qu'ici, à la différence du grec, les deux voyelles ne se fondent pas en une diphtongue

CHAPITRE IV

PRONOMS ET ADJECTIFS DÉMONSTRATIFS, ADJECTIFS NUMÉRAUX

PRONOMS

§ 37. *E* est long dans *mē*, *tē*, *sē* (primitivement *mēd*, *tēd*, *sēd*(1), accusatif et ablatif.

> Ex. : Tē, veniente die, tē decedente canebat.   V.

O est long dans *nōs*, *vōs* (νώ, σφώ), *nōbis*, *vōbis*.

> Ex. : O Melibœe, deus nōbis hæc otia fecit.   V.

ADJECTIFS DÉMONSTRATIFS, PRONOM RELATIF

§ 38. *E* est bref dans *ipsĕ* (*is* et *pse* enclitique) (2).

Hĭc pronom (3) est commun au nominatif ; les autres formes sont longues : *huĭc* (monosyllabe comme *cuĭ*) (4), *hōc* (pour *hod-ce*).

> Ex. : Hōc opus, hic labor est............   V.

I est long dans le masculin *īdem* (*is-dem*), et s'est abrégé dans le neutre *ĭdem* (*id-dem*).

Pour les autres formes des pronoms, voir les règles générales et les règles des déclinaisons.

ADJECTIFS NUMÉRAUX

§ 39. La voyelle qui précède les terminaisons *ginti*, *ginta* est toujours longue, *vī-ginti*, *trī-ginta* ; de même *vīcesimus*, *trīcesimus*. La finale est longue dans *trigintā*, *sexagintā* (5), brève dans *quinquĕ*, *millĕ*. Dans les adjectifs distributifs la pénultième est longue, *bīni*, *dēni*. *E* est long dans *vicēsimus* (*vicensimus*), *tricēsimus*, etc.

---

(1) V. *sēd*, *sē* dans *sēd-itio*, *sē-jungo* au § 67.
(2) V. au § 20 *illĕ*, *istĕ*, pour *illus*, *istus*.
(3) Ne pas confondre avec *hīc* adverbe.
(4) On trouve *cŭi* dans Juvénal.
(5) Cependant cette finale a été abrégée par les poètes postérieurs au siècle d'Auguste. — V. pour *duŏ*, *ambŏ*, *octŏ*, § 19 et note.

CHAPITRE V

CONJUGAISONS

DÉSINENCES.

§ 40. Sont brèves les désinences personnelles ter-minées par *s* : *mŭs*, *tĭs* à l'actif, *rĭs* au passif, ex. *mitti-mŭs*, *tenea-tĭs*, *ama-rĭs*, *celebrabe-rĭs*.

Ex. : Nec sumŭs ingrati . . . .   Ov.
. . . . quive estĭs in armis.   V.

La première syllabe est brève dans la désinence *mĭnĭ*, *progredi-mĭnĭ* (μενοι) (1).

N. B. — Pour les autres désinences, v. les règles générales et le para-graphe suivant.

E FINAL.

§ 41. *E* final dans les verbes est toujours bref (2) *essĕ*, *amarĕ*, *legĕ*, *legitĕ*, *uterĕ*, excepté *monē*. V. § 43.

Ex. : Desinĕ fata deum flecti sperarĕ precando.   V.

VOYELLES DE LIAISON.

§ 42. Dans le verbe *sum* et à la troisième conjugai-≈n, les voyelles de liaison *u*, *i*, *e*, sont brèves : *s-ŭ-mus*, *n l-ŭ-mus*, *er-ĭ-mus*, *leg-ĭ-s*, *leg-ĭ-mus*, *lu-ĭ-mus*, *leg-ĭ-te*, *vert-ĭ-tur*, *duc-ĭ-mur*, *leg-ĕ-re* (3).

Ex. : Vertĭtur interea cælum . . . .   V.

Il en est de même dans les futurs en *bo* et en *bor*: *amab-ĭ-mus*, *celebrab-ĕ-re*.

Exception. — A l'imparfait de l'indicatif, *e* est tou-jours long devant *bam*, *bar :* *leg-ē-bam*, *trah-ē-batur*, *audi-ē-bam*.

Ex. : Sic oculos, sic ille manus, sic ora ferēbat.   V.

---

(1) Ce même suffixe se retrouve dans les substantifs *ye-mina*, *ter-minus*.
(2) V. § 20.
(3) V. *gramm. lat.* de M. Chassang (*Cours sup.*) § 66, Rem. III.

ALLONGEMENT DE LA VOYELLE FINALE DU RADICAL DANS
amā-re, *monē-re*, *audī-re* ET QUELQUES AUTRES FORMES

§ 43. La voyelle finale du radical est toujours longue dans *amā-re*, *monē-re*, *audī-re* (contraction pour *ama-ere*, *mone-ere*, etc.); ainsi *amā-s*, *monē-s* (*ama-īs*, *mone-īs*) *monē* (1); de même, *amā-bo*, *monē-bo*, *audī-vi*, *audī-ris*, etc. (2).

Ex. : Tu vatem, tu, Diva, monē....... V.

Exception. — *A* est bref dans la conjugaison de *dăre*, excepté dans les deux formes monosyllabiques *dās*, *dā*.

§ 44. A cette règle se rattachent quelques formes où *i* est allongé, comme dans la conjugaison de *audīre*:

1° Les parfaits en *īvi* et les supins correspondants en *ītum* des verbes, tels que *petere*, *quærere : petī-vi*, *petī-tum*, *quæsī-vi*, *quæsī-tum*.

Ex. : Quæsīvit cælo lucem ingemuitque reperta. V.

2° *Fīs*, *fīmus* (3), *vīs* (pour *vils*), (4) et ses composés *quivīs*, *quamvīs*, ainsi que *nolī*, *nolīto*.

Ex. : Quamvīs ille niger, quamvis tu candidus esses. V.

RÈGLES COMMUNES AU VERBE *sum* ET AUX VERBES
ATTRIBUTIFS.

RADICAUX DU VERBE *sum*.

§ 45. Sont brefs les deux radicaux du verbe *Sum*, *ĕs* et *fŭ*, comme : *ĕs*, *ĕram*, *ĕro*, *fŭturus*, *fŏre ;* de même dans les composés de *sum: prodĕs*, *potĕs*, *adĕram*, *adfŏre*.

Ex. : Quisquis ĕs, amissos hinc jam obliviscere Graios. V.

(1) *E* s'est abrégé quelquefois dans les impératifs de deux syllabes, dont la première est brève : *căvĕ*, *vălĕ ;* de même *a* dans *pută*, employé adverbialement.

Il faut remarquer les doubles infinitifs appartenant à des conjugaisons différentes: *cluĕre* de *clueo*, et *cluĕre* de *cluo*, *is ; fervĕre* et *fervēre ; frendĕre* et *frendēre ; fulgĕre* et *fulgēre ; stridĕre* et *stridēre ; tergĕre* et *tergēre*.

(2) *Orior* et *potior* suivent souvent la quantité de *legor*, sauf dans *oriri*, *potiri*, *potitus*.

(3) V. *fio* pour *fui-io*, p. 5.

(4) De même *sis* (pour *si vis*), *cavesis*, *videsis ; i* est abrégé dans *forlassis (forle an si vis)*.

§ 46. *E* est également bref dans *fu-ĕram, fu-ĕro, fu-ĕrim,* et dans tous les temps composés des verbes attributifs, *amav-ĕram, leg-ĕro, audiv-ĕrim.*

Ex. : Ter circum Iliacos raptavĕrat Hectora muros.   **V.**

TEMPS ET MODES.

I dans *fu-ī, fu-ĭmus, mon-u-ī, mon-u-ĭ-mus..*
E dans *fu-ērunt, leg-ērunt,* etc.

§ 47. Au parfait, *i,* long dans *fu-ī,* s'abrège dans *fu-ĭmus;* de même *monu-ĭmus, ama-vĭmu-s,* etc.

Ex. : Vidīmus undantem ruptis fornacibus Ætnam.   **V.**

E est long à la troisième personne du pluriel, *fu-ē-runt, fu-ēre,* et de même *conspex-ērunt, incubu-ēre.*

Ex. : Incubuēre mari . . . .   **V.**

Dans la forme en *erunt, e* a été quelquefois abrégé : *fuĕrunt, tulĕrunt, stetĕrunt.*

I 1° dans *sīs, sīmus, possīs, velīs ;*
2° dans *fuerĭs, legerĭs, deḋerĭtis,* etc.

§ 48. 1° *I* est long dans les formes du présent du subjonctif, comme *sīs* (1), *sīmus, adsīs, possīs, velīs* (2).

Ex. : Adsīs, o Tegææ favens. . . . .   **V.**

2° *I* est commun dans les formes du parfait du subjonctif et du futur antérieur, comme *fuerĭs, legerĭs, deḋerĭtis.*

Ex. : Da mihi te placidum ; dederĭs in carmina vires (3). **Ov.**
Quas gentes Italum aut quas non oraverĭs urbes.   **V.**

A dans *erās, erāmus, amav-erās ;*
dans *trahebās, trahebātur.*

§ 49. *A* est long à l'imparfait et au plus-que-par-

---

(1) *Sĭm, sīs* pour *siem, sies.* Comparez ἴ(σ)ιην, ἴ(σ)ιης.
(2) De même *ausis, faxis.*
(3) Il faut remarquer que c'est à la première partie du pied que l'*i* reste généralement long.

fait de l'indicatif : *erās, fuerās, amaverās ;* de même *trahebās, trahebātur.*

> Ex. : Ecce trahebātur passis Priameia virgo
> Crinibus . . . .   V.

E dans *essēs, fuissēs, legerēs, legissēmus, legerētur.*

§ 50. *E*, caractéristique de l'imparfait et du plus-que-parfait du subjonctif, est long : *essēs, fuissēs, movissēs, peterēmus, peterētur, poterēmur.*

> Ex. : Tuque tuis armis, nos te poterēmur, Achille.   Ov.

To dans *estō, estōte, facitō, facitōte.*

§ 51. *To* est long à l'impératif : *estō* (1), *tranantō ;* de même *estōte, facitōte.*

> Ex. : Tranantō Tiberim, somno quibus est opus alto.   Hor.

U au participe futur en *ūrus.*

§ 52. *U* est long dans la caractéristique du participe futur en *ūrus,* comme dans *futūrus, moritūrus, versūrus, flexūrus* (2).

> Ex. : Sic ait, ac densos fertur moritūrus in hostes.   V.

RÈGLES PARTICULIÈRES AUX VERBES ATTRIBUTIFS.

A et *E* dans *legās, legāris, amēs, amēris, legēs, legēris.*

§53. *A* et *E* sont longs au présent du subjonctif et au futur, comme *legās, legāris, legēs, legēris, amēs, ametur, moriāmur.*

> Ex. : . . . . moriēmur inultæ!
> Sed moriāmur, ait. . . . .   V.

RADICAUX DES PARFAITS (3).

Parfaits à redoublement.

§ 54. Le redoublement du parfait est bref : *pŭ-*

---

(1) V. § 19, note.
(2) Même quantité dans les noms dérivés tels que *pictŭra, jactŭra, mensŭra.* Comparez les formes telles que *victōrem, eversōrem.*
(3) Toutes ces règles s'appliquent également au plus-que-parfait.

pugi, tĕ-tigi, tĕ-tigeram, de même *dĕ-di, stĕ-ti* et leurs composés *perdĭ-di, constĭ-ti,* etc., et *bĭ-bi,* déjà redoublé au présent.

La syllabe du radical verbal qui suit le redoublement est également brève: *cecĭni, tetĭgi, pepŭli, cecĭdi* de *cădo.*

> Ex. : Et veterem in limo ranæ cĕcĭnere querelam.   V.

Exception : *cecīdi* de *cædo.*

Malgré la perte du redoublement, le radical reste bref :

1° dans *fīdi, scīdi, tūli* (1).

2° dans les composés, comme *contĭgi, impŭli, percŭli* (dont le simple est inusité).

Parfaits sans redoublement:

1° de deux syllabes.

§ 55. Les parfaits de deux syllabes sans redoublement, subissant à l'intérieur une sorte de contraction, allongent la voyelle du radical :

Fŭgio, parf. *fūgi* pour *fĕfŭgi, fĕŭgi; vĕnio,* parf. *vēni* pour *vĕvĕni;* de même *diffŭgi, convēni, di-vīsi* de *di-vĭdo* (dont le simple est inusité).

> Ex. :   Terra tremit, fūgere feræ. . . . . . .   V.

2° de plusieurs syllabes.

§ 56. Les autres parfaits sans redoublement gardent la quantité du radical: *hăbeo, hăbui, inhĭbui; cŏlo, cŏlui, incŏlui.* Le radical altéré dans *pōno* (pour *pos-sino, posno*), *gigno* (pour *gi-gĕno*) reparaît avec sa quantité propre dans *pŏsui, pŏsitum, gĕnui, gĕnitum;* de même *pŏt-ui* (présent *possum* pour *pŏte-sum*).

---

(1) Formes archaïques : *scicidi, tĕtŭli.*

RADICAUX DES SUPINS.

REMARQUE. — Les règles suivantes s'appliquent également aux participes en *urus* et en *us* (1).

Supins formés sans voyelle de liaison.

§ 57. Généralement les verbes allongent la voyelle finale de leur radical devant le suffixe du supin : *vĭd-eo, vī-sum, vī-sus, vī-surus ; mŏv-eo, mō-tum ; mō-tus, mō-turus ; imbŭ-o, imbū-tum, imbū-tus*. V. pour les supins en *itum*, § 59.

Ex.: Quos ego... sed mōtos præstat componere fluctus.   V.

§ 58. Cependant la voyelle du radical reste brève dans les supins suivants et leurs dérivés ou composés :

Dătum de *do*...... composés, *perdĭtus, credĭtus*, etc.;

Rătum de *reor*.... *irrĭtus;*

Sătum de *sero*..... *consĭtus;*

Stătum de *sisto* (2). *constĭtum ;*

Dirŭtum, erŭtum et autres composés de l'inusité *rŭtum*.

Supins en itum.

§ 59. Les supins en *itum* ont deux quantités différentes.

1° *ītum*, dans les verbes cités aux §§ 43 et 44 1°, qui font le parfait en *ivi* (3).

Ex.:........... potiere petītis.   O.

2° *ĭtum*, dans tous les autres verbes (4), *i* n'étant plus qu'une simple voyelle de liaison brève (5), comme *mon-ui, mon-ĭ-tum, mon-ĭ-turus; vet-ui, vet-ĭ-tus*.

Ex. Discite justitiam monĭti et non temnere divos.   V.

Exceptions. — Les verbes suivants qui ont le parfait en *ivi* ont cependant *i* bref au supin en *itum :*

(1) Elles s'appliquent aussi aux substantifs formés avec le même suffixe que les supins, comme *visus, status.*

(2) *Statum* de *sto* donne *constāturus.*

(3) Les verbes déponents de la quatrième conjugaison ont naturellement leur supin en *ītum*, comme *blandītum*. L'*i* est long dans le radical de *oblī-tus* de *oblīviscor*.

(4) La seule exception est *recensītum* de *recenseo, ui.*

(5) Cependant dans *agnĭtum, cognĭtum*, *i* représente la voyelle du radical affaiblie.

Cĭtum de *cieo*, d'où *percĭtus*(1) ; *ĭtum* de *eo*, d'où *præte-rĭtus*(2) ; *lĭtum* de *lĭno*, d'où *illĭtus*, *oblĭtus* ; *sĭtum* de *sino*, d'où *desĭtum*.

§ 60. Dans les participes futurs en *iturus* des verbes qui n'ont point de supin, *i*, voyelle de liaison, est bref, *mor-ĭ-turus*, *dol-ĭ-turus*.

Pour l'infinitif passif, voir les règles générales §, 17 2°.

CHAPITRE VI

DES MOTS INVARIABLES.

FORMES ADVERBIALES CLASSÉES DANS LES DÉCLINAISONS.

§ 61. Les formes adverbiales empruntées aux noms, adjectifs ou pronoms, suivent les règles de quantité particulières à chaque déclinaison.

Ainsi, d'après les règles de la *première* et de la *deuxième* déclinaison, sont longs :

Le génitif du singulier : *aliăs* ;

L'accusatif du pluriel : *forās* ;

Les datifs archaïques du singulier : *hūc*, *illūc*, pour *hōc*, *illōc* ;

Les ablatifs du singulier :

1° en *a* : *rectā*, *intereā*, *posteā*, *extrā*, *suprā*, *frustrā*, etc.;

2° en *o* : *continuō*, *quō*, *quandō*, etc. (3) ;

(1) Il ne faut pas confondre *cĭtus* et ses composés avec *cĭtus* de *cio*.
(2) *Ambire* fait *ambĭtum* (présent, *ambio*) : mais *i* est bref dans le substantif *ambĭtus*, comme dans les autres mots de la même famille : *iter*, *in-itium*, etc.
(3) *Quō* s'est abrégé dans *quŏque*; *quandō*, dans *quandŏquidem*; de même *hōc* dans *hŏdie*. Voir sur *mŏdŏ*, *cĭtŏ* et d'autres finales en o abrégées le § 19 et la note.

3° en *e* (ancienne désinence d'ablatif) : *doctē, ægrē* et tous les adverbes dérivés d'adjectifs en *us* et en *er*. Il faut y ajouter *ferē* et *fermē ;*

Exceptions. — E s'est abrégé dans *benĕ, malĕ, infernĕ, supernĕ.*

Les ablatifs du pluriel : *gratīs, forīs.*

D'après les règles de la *troisième* déclinaison, sont brefs :

Les accusatifs neutres : du singulier, *facilĕ, impunĕ, sæpĕ, quĭdem* (comme *ĭdem), magĭs* (pour *magius*), et par analogie *satĭs, nimĭs ;* du pluriel, *quiă ;*

Ex. : Trans Tiberim longē cubat is, propē Cæsaris hortos. Hor.

Les ablatifs du singulier : *antĕ, fortĕ, manĕ, ritĕ, spontĕ, temerĕ* (1).

Sont longs les locatifs : *hīc, illīc, postrī-die, quotī-die* (ou *cotīdie*), et de même les composés de *sī* (2) et de *quī : sīc, sīn, quīn.*

Ex. : Nec requies quīn aut pomis exuberet annus.   V.

FORMES ADVERBIALES NON CLASSÉES DANS LES DÉCLINAISONS.

Monosyllabes terminés par une voyelle.

§ **62.** Les mots enclitiques *quĕ, vĕ, cĕ, tĕ, pĕ, psĕ, ptĕ, nĕ* interrogatif, sont brefs, comme dans *eccĕ, quippĕ, nempĕ, propĕ, nonnĕ ;* de même le suffixe *nĕ* dans *si-nĕ* (pour *se-nĕ*),*po-nĕ* (pour *post-nĕ*) et *denĭ-que* (pour *denĕ-que*).

Les autres monosyllabes terminés par une voyelle sont longs : *ā, ē, dē, nē* négatif; de même en composition *āmitto, ēduco, dēfero.* Cependant *ne* négatif, dans ses composés, est tantôt bref, *nĕque, nĕqueo, nĕfas ;* tantôt long, *nēquam, nēquicquam, nēdum, nēmo* pour *ne-homo.*

Ex. : Jamquĕ pedem referens casus ēvaserat omnes.   V.

Monosyllabes terminés par une consonne.

§ **63.** Les monosyllabes terminés par une consonne sont brefs, *ŭt, nĕc* (d'où *nĕg-otium*), *bĭs,* etc. V. § 16.

(1) Ablatif d'un ancien substantif *temus, temeris,* obscurité. V. *le Dict. étymologique latin de MM. Bréal et Bailly.*

(2) *Sī* s'abrège dans *quasi* (quam-si), et dans *sĭquĭdem; nĭ* et *sĭ* dans *nisi.*

Il faut excepter *ĕn*, *nōn* (1), *crăs*, *cŭr* et les mots cités au § 63.

Quantité des finales dans les autres mots invariables.

A final.

§ 64. *A* final est bref dans *ĭtă*, *eiă*.

Ex. : Nōn ită me genitor bellis assuetus Opheltes
Sublatum erudiit...................... V.

E final.

E final est bref, 1° dans *pænĕ*, 2° dans *indĕ*, *undĕ* t leurs composés.

Ex. : ....genus undĕ Latinum. V.

ES final.

Es est bref dans *penĕs*, et long dans *totiēs* (*totiens*), *deciēs*, *viciēs* (2).

Ex. : ....quotiēs oculos conjecit in hostem. V.

US final.

Us final est bref dans les formes telles que *tenŭs*, *adversŭs*, *funditŭs*, *radicitŭs*.

Ex. : Intŭs aquæ dulces...................... V.

CHAPITRE VII

MOTS COMPOSÉS ET DÉRIVÉS.

MOTS COMPOSÉS

§ 65. Les mots composés gardent généralement la quantité des mots simples dont ils sont formés.

La quantité n'est altérée en rien par les substitutions de voyelles.

Ex. : *cum-pŏtĕ* fait *com-pŏtis* (*compŏs*).
præ-cŏq(uere) — *præ-cŏc-is*.

(1) *Non* est pour *nœnum* (*ne unum*).
(2) D'où *vicĕsimus* (*vicensimus*).

dĕ-făcis   — dē-fĭcis ; etc.

in-æquus   — in-īquus ;

ămīcus   — in-ĭmīcus ;

undĕ-quĕ   — undīque ;

scīre-lĭcet   -- scīlicet ;

rēmum-ăgo   — rēm-ĭgis, rēm-ĭgare ;

cum ou dē-sĭ-

dus, sīdĕris — consīdĕro, dēsīdĕro.

Exceptions. Le second membre est abrégé dans un certain nombre de composés : *agnĭtum, cognĭtum* (de *nōtum*); *dejĕro, pejĕro* (de *jūro*); *nihĭlum* (de *ne-hīlum*); *conŭbium, innŭba, pronŭba* (de *nŭbo*) (1).

Comme exemples d'abréviation du premier membre, nous avons déjà vu *quŏque, sĭquidem,* etc. ; il faut y ajouter *ubĭcumque, ubĭnam, ubĭvis, (ubĭ)* (2) ; *utĭnam, utĭque,* (*utĭ*) ; *jŭbeo* pour *jŭs habeo,* et un certain nombre de composés de *pro.* V. § 67.

Ne s'allongent pas, malgré la perte du *b, ăperio, ŏperio, ŏportet, ŏmitto* pour *ab-perio, ob-perio, ob-portet, ob-mitto.*

REMARQUE. — Dans les composés de *facio,* e final du premier radical est généralement long après une syllabe longue : *expērgĕ-facio,* bref après une brève : *lăbĕ-facio.*

§ 66. *I* final du premier membre est généralement bref : *sacrĭ-ficium* (sacrŭ-ficium comme *locŭ-ples*), *rurĭ-cola, artĭ-fex, silvĭ-cola, lanĭ-ger, velĭ-volus, bĭ-vius* (3).

Ce même *i* est bref dans les mots dérivés : *altĭ-tudo, bonĭ-tas, amicĭ-tia, avarĭ-tia, aurĭ-cula* (4), *fundĭ-tus, radicĭ-tus, fortĭ-ter.*

E est également bref dans les mots tels que *piĕ-tas, ebriĕ-tas.*

N. B. — Il ne faut pas confondre les mots composés tels que *agrĭcola,* avec les mots juxtaposés tels que *verĭ-simĭlis.*

(1) V. le chapitre de l'accentuation.
(2) *I* est long dans *ubīque,* comme dans *ibīdem.*
(3 Excepté *tibī-cen* pour *tibiī-cen, merī-dies* pour *mediī-dies, bīduum, trīduum* et les autres composés de *dies.* V § 61.
(4) Il faut excepter *canīcula, cutīcula, cunīculus,* et quelques autres diminutifs noms ou adjectifs.

PRÉFIXES INSÉPARABLES.

§ **67**. 1° Sont longs les préfixes :

Sĕd (1), *sē*, ex. : *sēd-itio*, *sē-paro*, *sē-dulo* (pour *sē-dolo*); *sē* s'est abrégé dans *sĭ-ne* ;

Vē, ex. : *vē-sanus*, *vē-cors* ;

Dī (pour *dĭs*) : *dī-latum*, *dī-mico* ; *dis* bref reparaît dans *dĭsertus*, *dĭr-imo* (pour *dis-emo*) ;

Prĭ, dans *prī-mus*, *prī-dem*, *prī-die* ;

Trā (*trans*), ex. : *trā-duco* ;

Prōd ou *prō* : *prōd-ire*, *prōd-esse*, *prō-cumbo*, *prō-duco* ;

Ex. : Aut prōdesse volunt aut delectare poetæ.   V.

Exceptions. Pro est commun dans *prŏcuro*, *prŏpago* (verbe), *prŏpino* ; bref surtout devant une *f* ou un *p* : *prŏfanus*, *prŏfari*, *prŏfecto*, *prŏfestus*, *prŏficiscor*, *prŏfi-teor*, *prŏfugus*, *prŏfundo*, *prŏfundus*, *prŏpago* (dans le sens de *race*), *prŏpe*, *prŏpero*, *prŏprius*, *prŏpitius*, et dans *prŏcella*, *prŏceres*, *prŏcul*, *prŏnepos*, *prŏtervus*.

2ᵉ Est bref le préfixe .

Rĕd ou *rĕ*, ex. : *rĕd-eo*, *rĕd-igo*, *rĕ-mitto*, *rĕ-viso*.

Ex. : ..dolus an virtus, quis in hoste rĕquirat ?   V.

Exceptions. Re est commun dans plusieurs mots où il est suivi de deux consonnes, dont la seconde est une liquide : *rĕcludo*, *rĕpleo*, et dans les mots tels que *rĕliquiæ*, *rĕligio*, *rĕduco*, *rĕperi*, où la consonne était quelquefois redoublée (*relliquiæ*, *relligio*) (2).

Ont la dernière brève :

Semĭ, *sesquĭ* : Ex. *semĭ-rutus*, *sesquĭ-pes* (3).

MOTS DÉRIVÉS.

§ **68**. Les dérivés gardent généralement la quantité de leur primitif.

Ex. : *māter*,	*māternus*;
păter,	*păternus*;
līber,	*lībertus*;

(1) La même forme est brève dans la conjonction *sĕd*.
(2) Dans l'impersonnel *rĕfert*, *rē* est l'ablatif de *res*. Pour *rĕjicio*, v. § 12.
(3) *Sesquipes* pour *ses* (*semis*)-*quĕ-pes*, une moitié et un pied.

$$\text{prætōris,} \quad \text{prætōrius;}$$
$$\text{marmŏris,} \quad \text{marmŏreus;}$$
$$\text{genĕris,} \quad \text{genĕrare;}$$
$$\text{ŏpes,} \quad \text{ŏpulentus;}$$
$$\text{prŏpe,} \quad \text{prŏpinquus.}$$

§ 69. Les mots dérivés des verbes suivent généralement la quantité du supin : *arā-tum, arā-tor; consuē-tum, consuē-tudo; gen-ĭ-tum, gen-ĭ-tor; quæsī-tum, quæsī-tor; volŭ-tum,* de *volvo (volu-o), volŭ-bilis* (1).

REMARQUES. — Dans *doc-ŭ-mentum, mon-ĭ-mentum,* i et u sont brefs comme voyelles de liaison, le radical verbal se terminant par une consonne : *doc-tum, mon-ĭ-tum.* V. § 59 2°.

Les radicaux monosyllabiques sont longs devant le suffixe *men* dans les substantifs tels que *grā-men, vī-men, ō-men, lū-men.*

§ 70. La quantité diffère dans un certain nombre de mots tirés de la même racine.

Ex. :

ăcus, ăcerbus,	ācer;
ăgo,	ambāges, indāgo;
dĭcax, condĭcio, judĭcis, dĭcare, etc.,	dīcere;
dŭcis,	dūco (douco);
fĭdes, perfĭdus,	fīdo (feido), fīdus et infīdus
lĕgo, rĕgo, tĕgo,	lēgis, rēgis, rēgula, tēgula;
līquor (subst.),	lĭquor (verbe);
mŏlestus,	mōles;
păciscor,	pācis;
plăceo,	plāco;
rŭber,	rūbigo;
săgax,	præsāgus;
sĕdeo,	sēdes, sīdo, sēdo;
sŏpor,	sōpio;
suspĭcio (verbe),	suspīcio (ou .mieux suspītio) pour suspectio;
vŏco,	vōcis.

QUANTITÉ DES PRINCIPAUX SUFFIXES (3).

§ 71. *Suffixes brefs :*

En *I.* — **timus, simus,** et les autres suffixes du superlatif, *op-tĭmus, legi-tĭmus, doctis-sĭmus,* etc.; de même *ĭmus* dans les adjectifs ordinaux *septĭmus, centesĭmus;*

(1) On peut rapprocher des supins *amātum, audītum, imbūtum,* les adjectifs dérivés de substantifs tels que *barbātus, crinītus, nasūtus.*
(2) On dit d'un suffixe qu'il est bref ou long, quand sa première syllabe est brève ou longue.
(3) La règle est la même pour les trois genres.

2.

icius, *tribunĭcius* (1) ;

icus, *rustĭcus* ;

Sauf *amīcus, antīcus, aprīcus, formīca, lectīca, lorīca, lumbrīcus, mendīcus, postīcus, pudīcus, rubrīca, umbilīcus* et *urtīca* ;

idus, *calĭdus, frigĭdus* ;

ilis, *facĭlis, amabĭlis* ;

Sauf *aprīlis* (de *aperire*), *exīlis* (pour *ex-igilis*) et les adjectifs dérivés de substantifs, *herīlis, servīlis, sub-tīlis*, (*sub-tēla*); cependant *humĭlis* (dérivé de *humus*).

En *O* et *U*. **olus olentus** ; **ulus, ulentus**, *luteŏlus, viŏlentus, parvŭlus, spectacŭlum, trucŭlentus.*

§ 72. Et de même dans les verbes.

ulo, *pullŭlo* ;

ico, *vellĭco* ;

ito des fréquentatifs, *agĭto* (2) ;

urio des désidératifs, *esŭrio*, sauf *ligūrio.*

§ 73. *Suffixes longs :*

En *A ;* *longs sans exception.* — **aceus. acus**, *herbāceus, opācus* ;

alis, aris, *capitālis, vulgāris* (3);

arus, arius, *avārus, rosārium* ;

aticus, atus, *viātĭcum, consulātus, magistrātus.*

En *E.* — **elis**, *crudēlis* ;

emus, enus, *extrēmus, terrēnus ;*

erus, *sevērus, sincērus.* Il faut excepter le suffixe du comparatif dans *altĕrius, dextĕra, supĕrus, extĕrus*, etc., ainsi que les substantifs *humĕrus* (ou *umĕrus*) et *numĕrus.*

(1) Excepté *novicius*, et les adjectifs dérivés des supins ou des participes comme *suppositicius.*

(2) Dans *dormito*, dérivé de *dormio*, *i* appartenant au radical s'allonge devant *to*, comme *nu* dans *nū-to*. Même observation pour *nutri-eo.*

(3) La quantité est la même dans les adjectifs pris substantivement: gén. *animālis, calcāris*; nominatif abrégé : *animăl, calcăr.* V. §§ 18 et 21.

En *I.* — **inus**, *divīnus, medicīna*.

Il faut excepter quelques adjectifs qui dé-
signent le temps, comme *crastĭnus, pristĭnus*,
ou la matière dont une chose est faite,
comme *adamantĭnus, oleagĭnus*, ainsi qu'un
certain nombre de substantifs : *asĭnus, do-
mĭnus, pampĭnus, bucĭna, pagĭna, sarcĭna*, et
machĭna, patĭna, trutĭna (dérivés du grec) ;

ivus, *festīvus, captīvus*.

En *O.* — **ona, onius**, *matrōna, Favōnius, querimōnia;*
orus, *canōrus, sonōrus* ;
osus (primitivement *onsus*), *formōsus*.

En *U.* — **ucus**, *cadūcus, lactŭca ;*
unus, *Neptūnus, fortūna*.

En **ela, etum, ile**, *tutēla, vinētum, cubīle*.

En **ago, edo, ido, igo, udo**, *farrāgo, dulcēdo, cupīdo,
orīgo, consuetūdo*.

CHAPITRE VIII

DE L'ACCENTUATION

§ **74.** Dans tout mot grec ou latin, une syllabe déterminée se prononçait avec une intonation plus aiguë
que les autres ; de là résultait une certaine modulation
musicale dont les intonations variées étaient appelées
par les Grecs προσωδίαι ou τόνοι, et par les Latins *accentus*
ou *tenores* (1).

En latin, l'intonation aiguë ou *accent tonique* ou simplement l'*accent* se trouve généralement sur l'avant-
dernière syllabe, ou sur l'antépénultième (2). Lorsque

---

(1) « *Accentus* est dictus ab *accinendo*, quod sit quidam cujusque syl-
labæ *cantus*. Apud Græcos quoque ideo προσωδία dicitur quia προσᾴδεται ταῖς
συλλαβαῖς. *Diom. p. 425. Ed. Putsch.*

(2). Dans le dialecte éolien également, l'accent était reculé autant que
possible : ἔγω pour ἐγώ, κόταμι; pour ποταμόι

l'avant-dernière est longue, elle porte l'accent, comme dans *virtútes, amábant*. Si l'avant-dernière est brève, l'accent des mots de plus de deux syllabes se recule sur l'antépénultième, *tégmina, fastidium, imitábere*.

On dit alors que la syllabe accentuée a l'accent *aigu*, et les autres l'accent *grave*. L'accent *circonflexe* se met sur les monosyllabes longs par nature, ainsi que sur les pénultièmes longues par nature et suivies d'une brève, *méns, palûstris* (1).

Les mots composés n'ont qu'un seul accent comme les mots simples : *agricola*.

§ **75.** Jamais l'accent n'est sur la dernière ; les exceptions ne sont qu'apparentes, comme dans les mots où une syllabe a disparu par syncope ou apocope. Ex. : *nostrás, vestrás* (pour *nostratis, vestratis*); *addúc, benedíc* (pour *adduce, benedice*); *vidén* (pour *videsne*), etc. Ce n'est que par une apparente exception également que certains mots ont la pénultième accentuée, quoique brève, comme le génitif *tugúri*, le vocatif *Virgíli*, etc.

Les mots empruntés au grec gardent, en général, leur accent primitif. Quant aux monosyllabes, ils ont l'accent aigu ou circonflexe, suivant qu'ils sont brefs ou longs par nature.

Enclitiques.

§ **76.** Quelques mots n'ont pas d'accent et font corps avec le mot précédent. Ce sont les enclitiques : *que, ve, ne* (interrogatif), *quis*, dans le sens de *aliquis*, après *si, ne, num*.

L'accent du mot qui précède l'enclitique est attiré sur la dernière syllabe : Ex. *májnus, magnúsque; hóminum, hominúmque*.

Est était enclitique; de la perte de l'accent, il résultait que l'*e* après une voyelle ou *m* finale, disparaissait dans la prononciation et souvent même dans l'écriture.

Ex. : Semiputata tibi frondosa vitis in ulmost.   Virg.

Proclitiques.

§ **77.** D'autres mots d'une et même de deux syllabes sont proclitiques, c'est-à-dire qu'ils se prononcent avec les mots suivants. Telles sont les prépositions *per, ab, inter, circum, propter*, etc., à moins qu'elles ne soient pas à leur place grammaticale, et les conjonctions en tête des propositions coordonnées ou subordonnées : *et, aut, ut, ne, si, verum*, etc. Tels sont encore les adjectifs conjonctifs *qui, quis, qualis, quantus, quot*, qui s'accentuent, au contraire lorsqu'ils sont interrogatifs.

(1) Si la syllabe accentuée n'est longue que par position, elle prend seulement l'accent aigu : *méntis, venústus. V. la note p. 59.*

Altération des mots et de la quantité par l'influence de l'accent.

§ 78. Les syllabes qui précèdent ou qui suivent la syllabe accentuée subissent des altérations profondes :

1° Des syncopes (1), telles que *disciplina* pour *discipulina*, *stipéndium* pour *stipipéndium*, *válde* pour *válide*, *maniplus* pour *manipulus*, ou des apocopes telles que *pŭer* pour *pŭerus ;*

2° Des abréviations, telles que *nă-tăre* de *nāre*, *péjĕro* de *jūro*, *módŏ* pour *módō*, *hérĕ* pour *hérī*.

Dans la dernière période de décadence de la langue latine, l'accent devint prépondérant, et remplaça la quantité dans les vers.

CHAPITRE IX

HOMONYMES DISTINGUÉS PAR LA QUANTITÉ

§ 79. Un certain nombre de mots latins homonymes se distinguent entre eux par la quantité. Voici la liste des principaux :

A. — 1. *ăcer*..........	Érable ;
2. *ācer*......... .	Vif.
C. — 1. *Cănet*	De *căno*, chanter ;
2. *Cānet*	De *căneo*, être blanc.
1. *Cănĭs, cănum*..	Chien ;
2. *Cănĭs*	De *căno ;*
3. *Cānĭs, cānum*..	De *cānus*, blanc.

(1) Des syncopes violentes, telles que *amassem* pour *amavissem*, *balneum* pour *balineum*, semblent indiquer qu'à l'origine l'accent tonique pouvait précéder la pénultième longue ou l'antépénultième.

1. *Cărēre* .... Manquer;
2. *Cărēre* .... Garder.
1. *Cărŏ* .... Chair;
2. *Cārō* .... Dat. et abl. de *cārus*, cher.
1. *Cecĭdi, concĭdi,*
  etc. .... De *cădo*, tomber;
2. *Cecīdi, conci'li,*
  etc. .... De *cædo*, couper.
1. *Cĕdŏ* ..... . Impératif, donne, dis;
2. *Cēdŏ*... ..... Ind. présent, je me retire.
1. *Cĭtus* .... Et ses composés, de *cieo*, exciter;
2. *Cītus* .... Et ses composés, de *cio*, appeler.
1. *Cŏlo, is* .... Cultiver:
2. *Cōlo, as* ...... Filtrer.
1. *Cŏmĕs* .... Compagnon;
2. *Cōmĕs* .... Pluriel de *cōmis*, affable;
3. *Cōmĕs* .... Fut., 2e pers. de *cōmo*, coiffer.
1. *Cupĭdo* .... Dat. ablat. s. de *cupĭdus*, désireux;
2. *Cupĭdo* .... Désir.
D. — 1. *Decŏrĭs* .. .. Gén. de *decus*, honneur;
2. *Decŏrĭs* ...... Gén. de *decor*, beauté;
3. *Decŏrĭs* ...... Dat., abl., pluriel de *decō rus*, beau.
1. *Dĕdĕre* .... Parfait de *dăre*, donner;
2. *Dĕdĕre* .... Infinitif de *dēdo*, livrer.
1. *Dĭco, prædĭco,*
  etc. .... De *dĭcare*, publier, dédier;
2. *Dĭco, prædĭco,*
  etc .... De *dĭcere*, dire.
E. — 1. *ĕdere* .... Manger;
2. *ēdere* .... Produire.

1. *Edŭcat* . . . . . .   Ind. de *edŭcare*, élever ;

2. *Edūcat* . . . . . .   Subj. de *edūcere*, faire sortir.

1. *ĕgĕre* . . . . . .   Infinitif de *egeo*, manquer;

2. *ēgĕre* . . . . . .   Impératif de *ēgĕro*, rejeter;

3. *ēgĕre* . . . . . .   Parfait de *ago*.

1. *ĕs* . . . .   2ᵉ personne du verbe *sum*;

2. *ēs* (pour *ed-s*) . .   2ᵉ pers. de *edere*, manger.

F. — 1. *Făbula* . . . . .   Diminutif de *făba*, fève ;

2. *Fābula* . . . . .   Pièce, fable.

1. *Ferĭmus, ferĭ-*
    mur . . . . . .   De *fero*, porter;

2. *Ferīmus, ferī-*
    mur . . . . . .   De *ferio*, frapper.

1. *Fĭdĕ* . . . . . .   Ablatif de *fidis*, lyre ,

2. *Fĭdĕ* . . . . . .   Abl. de *fides*, bonne foi ;

3. *Fīdĕ* . . . . . .   Impér. de *fido*, se fier.

1. *Fĭdit, diffĭdit* . .   Parf. de *findo* et de *diffindo*, fendre ;

2. *Fīdit, diffīdit* . .   Prés. de *fido*, se fier, et de *diffido*, se défier.

1. *Frĕtum* . . . . . .   Détroit;

2. *Frētum* . . . . . .   Accusat de *fretus*, confiant.

1. *Frĭgĕre* . . . . .   Frire ;

2. *Frīgĕre* . . . . .   Être froid.

1. *Fŭror* . . . . . .   Subst. folie ;

2. *Fūror* . . . . . .   Verbe, commettre un vol.

J. — 1. *Jacĕre* . . . . .   Jeter ;

2. *Jacēre* . . . . . .   Être jeté, étendu.

1. *Jŭgĭs* . . . . .   Dat. abl. plur. de *jugum*, joug, montagne ;

2. *Jūgĭs* . . . . . .   Adj. continuel, intarissable.

L. — 1. *Lăbor* . . . .   Subst., travail;

2. *Lābor* . . . .   Verbe, glisser.

1. *Latĕre*	Abl. de *latus*, côté ;
2. *Latēre*	Inf. de *lateo*, être caché.
1. *Lătus*	Substantif ;
2. *Lātus*	Partic. de *fero* ou adj. large.
1. *Lĕgat*	Subj. de *lĕgo*, *is*, lire ;
2. *Lēgat*	Ind. de *lēgo*, *as*, envoyer.
1. *Lepŏres*	De *lepus*, lièvre ;
2. *Lepōres*	De *lepos*, charme.
1. *Lĕvis*	Léger ;
2. *Lēvis*	Poli, brillant.
1. *Līber*	Livre ;
2. *Lĭber*	Adj. libre, et subst. nom latin de Bacchus.
1. *Lŭtum*	Boue, d'où *lŭteus*, boueux;
2. *Lūtum*	Espèce d'herbe, d'où *lū-teus*, jaune.
M. — 1. *Mălæ*	De *mălus*, mauvais;
2. *Mālæ*	Joues.
1. *Mălum*	Mal ;
2. *Mālum*	Pomme.
1. *Mălus*	Mauvais ;
2. *Mālus*	Masc., mât;
3. *Mālus*	Fém., pommier.
1. *Mānĕ*	Adv., le matin ;
2. *Mănē*	Impératif de *mănēre*, rester.
1. *Mănet*	Ind. de *măneo*, rester;
2. *Mānet*	Subj. de *māno*, couler.
1. *Mănibus*	De *mănus*, main ;
2. *Mānibus*	De *mānes*, mânes.
1. *Mŏratus*	Dérivé de *mŏra*, retard;
2. *Mōratus*	Dérivé de *mōres*, mœurs.
N. — 1. *Nĕ*	Particule interrogative;
2. *Nĕ*	Particule négative.

1. *Nĭtēre* .... De *nĭteo*, briller ;
2. *Nĭtēre* .... De *nĭtor*, s'efforcer.
1. *Nŏvi.* .... Gén. de *nŏvus*, nouveau;
2. *Nŏvi.* ...... Parfait de *nosco*, connaître.
1. *Nŏtă* ... .. . Subst., marque ;
2. *Nōtă* .... Fém. du part. *notus*, connu;
3. *Nŏtā* .... Imp. de *nŏto*.

O. — 1. *Oblĭtus* .... De *oblĭno*, frotter;
2. *Oblītus* ...... De *oblīviscor*, oublier.
1. *ŏs, ossis* ..... L'os ;
2. *ōs, ōris* .... La bouche.

P. — 1. *Pălūs* .... Marais ;
2. *Pālŭs* .... Poteau.
1. *Parcĕ* .... Impér. de *parco*, épargner;
2. *Parcē* .... Adverbe, avec économie.
1. *Părens* .. .... Parent ;
2. *Pārens* .... Obéissant, de *pāreo*.
1. *Păret* .. .. .. Subj. de *păro*, préparer ;
2. *Pāret* .... Ind. prés. de *pāreo*, obéir.
1. *Părĕre* .... Enfanter;
2. *Pārēre* .... Obéir.
1. *Patĕre* ...., Deux. pers. du sing. de *patior*, souffrir ;
2. *Patēre* .... Inf. de *pateo*, être ouvert.
1. *Păvére* .... Inf. de *paveo*, avoir peur ;
2. *Pāvere* ...... Parf. de *paveo* et de *pasco*, nourrir.
1. *Pedĕs* .... Piéton ;
2. *Pedĕs* .... Plur. de *pes*.
1. *Pendĕre* ...... Suspendre à la balance; peser ;
2. *Pendēre* ...... Être suspendu.

1. *Pĭla* . . . . F. sing., balle à jouer ;
2. *Pīla* . . . . F. sing., colonne ;
3. *Pīla* . . . . Pluriel de *pĭlum*, javelot.
1. *Plăga* . . . . Région, au pl. filets ;
2. *Plāga* . . . . Coup.
1. *Pŏpulus* . . . . . Masc., peuple ;
2. *Pōpulus* . . . . . . Fém., peuplier.
1. *Pŏtĕs* . . . . De *possum* ;
2. *Pōtēs* . . . . Subj. de *pōtare*, boire.
1. *Prŏfectus* . . . . De *prŏficiscor*, partir ;
2. *Prōfectus* . . . . . Subst. progrès.

R. — 1. *Rĕfert* . . . . . . De *rĕfero*, rapporter ;
2. *Rēfert* . . . . Il importe (*rē*, abl. de *res*).

S. — 1. *Satĭs* . . . . Adv., assez ;
2. *Satīs* . . . . Dat. abl. plur. du part. *satus* de *sero*, semer.
1. *Sĕcurĭs, sĕcuri.* Subst. hache ;
2. *Sēcurīs, sēcuri.* De l'adj. *securus*, en sécurité
1. *Sĕdes* . . . . De *sĕdeo*, s'asseoir ;
2. *Sēdes* . . . . Subst., siège.
1. *Sĕro* . . . . Semer ou entrelacer ;
2. *Sēro* . . . . Tard.
1. *Sĭnum, i* . . . . . Ecuelle ;
2. *Sĭnum* . . . . Accus. de *sinus*, sinuosité.
1. *Sŏlum* . . . . Le sol ;
2. *Sōlum* . . . . De *sōlus*, seul.
1. *Suspĭcio* . . . . . . Verbe, soupçonner ;
2. *Suspĭcio* ou *suspītio* . . . . Subst., soupçon.

T. — 1. *Talĭs* . . . . Tel ;
2. *Talīs* . . . . Abl. plur. de *talus*, talon ; dé à jouer.

1. *Tĕgĕs* .... Natte ;

2. *Tĕgĕs* .... Futur de *tĕgo*.

1. *Tenĕri* .... Gén. sing. ou nom. plur. de *tener;*

2. *Tenĕri* .... Inf. passif de *teneo*.

U. — 1. *ŭti* .... Même conjonction que *ut;*

2. *ŭti* .... Infinitif de *ŭtor*, se servir.

V. — 1. *Vĕlis* .... Subj. de *volo*, vouloir;

2. *Vĕlis* .... De *vēlum*, voile.

1. *Vĕnit* .... Présent de *vĕnio*.

2. *Vĕnit* .... Présent de *vēneo*, être ven-du, pour *vēnumeo*, et par-fait de *venio*, venir.

1. *Verĕ* .... Abl. de *ver*, printemps;

2. *Verē* .... Adv. vraiment.

1. *Vĭres* .... De *vĭreo*, être vert, vigou-reux ;

2. *Vĭres* .... Forces.

Note sur la distinction entre les syllabes longues par nature et les syllabes longues par position.

Quand une voyelle est suivie dans le même mot de deux consonnes ou d'un *x*, comme *a* dans *magnus*, *o* dans *montis*, la syllabe compte nécessairement dans la mesure du vers pour deux temps, c'est-à-dire pour une longue. Mais cette syllabe est-elle longue par *na-ture* ou par *position*? La voyelle se prononce-t-elle longue ou *brève*? Faut-il accentuer *mágnus* ou *mágnus*, *móntis* ou *móntis*? Sur ce point, les anciens ne nous ont laissé que quelques règles. Voici les principales :

Syllabes longues par nature, c'est-à-dire à voyelle longue.

Toute voyelle est longue :

1° dans les syllabes qui résultent d'une contraction, comme *r-ū-rsum* pour *reversum*, *aud-ī-sti* ;

2° devant *nf*, *ns*, comme *tr-ā-ns*, *faci-ē-ns*, *m-ō-ns*, excepté *s-ŏ-ns* :

« *Inclytus* dicimus brevi prima littera, *insanus* producta... et ne multis, quibus in verbis eæ primæ litteræ sunt quæ in *sapiente* atque *felice*, producte dicitur; in ceteris omnibus breviter. Itemque *c-ŏ-mposuit, c-ŏ-nsuerit, c-ŏ-ncrepuit, c-ŏ-nfecit.* » Cicéron, *Orator*. 48.

3° devant *gn* comme *m-ā-gnus*, *r-ē-gnum*, *d-ī-gnus* ;

A et *e* sont longs dans les inchoatifs devant le suffixe *sco*, comme *inveter-ā-sco*, *cal-ē-sco*, excepté *qui-ĕ-sco* ; *i* est long dans les inchoatifs dérivés de verbes de la 4ᵉ conjugaison, comme *obdorm-ī-sco* ;

A et *e* sont longs devant *x* dans *m-ā-ximus*, *v-ē-xillum*, et dans les parfaits tels que *t-ē-xi*.

Syllabes longues par position, c'est-à-dire à voyelle brève.

Toute voyelle est brève :

1° devant *nt*, *nd* comme *faci-ŭ-nt*, *am-ă-nt*, *clem-ĕ-ntis*, *kal-ĕ-ndæ* ;

2° devant *rn*, comme *vet-ĕ-rnus*, *diut-ŭ-rnus* ;

3° devant *st*, comme *mod-ĕ-stus*, *agr-ĕ-stis*, *silv-ĕ-stris*, *ven-ŭ-stus*, excepté dans les mots dérivés de radicaux où la voyelle est longue par nature, comme *j-ū-stus* de *j-ū-s*, *f-ā-stus* de *f-ā-s*.

Obs. — *Nŭcis* rend vraisemblable *n-ŭ-x* ; *plēbis*, *pl-ē-bs* ; *vĭr*, *v-ĭ-rtus* ; *palūs*, *pal-ū-stris* ; mais tandis que *scrĭbo* fait *scr-ī-ptus*, *scr-ī-ptito*, *dĭco* fait *d-ĭ-ctus*, *d-ĭ-ctito* ; tandis que la quantité de *căpio*, *făcio*, *gĕro*, *răpio*, *vĕho* est conservée dans *c-ă-ptus*, *f-ă-ctus*, *g-ĕ-stus*, *r-ă-ptus*, *v-ĕ-ctus*, *lĕgo* fait *l-ē-ctus*, *ăgo āctus*, *ŭngo ū-nctus*. (V. Aulu-Gelle, l. ix, ch. 6.)

Remarque. — D'après les règles de l'accentuation (v. § 74), l'accent circonflexe se mettra sur *trâns*, *môns*, *dîgnus*, *calêscit*, *âctus*, *ûnctus*, etc., et l'accent aigu sur *sóns*, *móntis*, *diutúrnus*, *agréstis*, *díctus*, *véctus*, etc.

MÉTRIQUE

CHAPITRE PREMIER

DÉFINITIONS ET RÈGLES GÉNÉRALES

§ **1**. PIEDS, MÈTRES, VERS : ARSIS ET THÉSIS.

La *métrique* a pour objet les règles relatives à la construction des vers.

Les poètes latins ont emprunté à la Grèce les vers dont ils se sont servis ; ils les ont modifiés seulement dans quelques détails ; les combinaisons mêmes qu'ils ont imaginées sont des imitations (1).

Le vers latin se compose d'un certain nombre de *pieds* que les grammairiens ont classés de la manière suivante :

1° *Quatre pieds de 2 syllabes.*

‿‿ pyrrhique . . . . *dĕă.*
‑‿ trochée ou chorée . . . . *dīvă.*
‿‑ iambe . . . . *dĕōs.*
‑‑ spondée . . . . *dīvōs.*

---

(1) Nous ne parlons pas, bien entendu, de l'antique vers *saturnin*, qui disparut promptement, lorsque Livius eut introduit les vers des poètes dramatiques grecs, et Ennius, l'hexamètre d'Homère.

2° *Huit pieds de 3 syllabes.*

‿‿‿ tribraque...................... *pĕtĕrĕ.*

‿‿ dactyle........................ *trādĕrĕ.*

‿‿‿ anapeste....................... *rĕdĕunt.*

‿‿‿ amphibraque .. .. *rĕvīsă.*

‿– – bacchius ... . *rĕvīsūnt.*

– –‿ antibacchius .... *spĕctārĕ.*

–‿– crétique ou amphimacre..... *trānsfĕrūnt.*

– – – molosse .... *vīdērūnt.*

3° *Seize pieds de 4 syllabes.*

‿‿‿‿ procéleusmatique .... *rĕpĕtĕrĕ.*

– ‿‿‿ pæon I....................... *pĕrcĭpĕrĕ.*

‿– ‿‿ — II.... .... *rĕcŭmbĕrĕ*

‿‿– ‿ – III........... .... *rĕcrĕārĕ.*

‿‿‿– — IV........ .... *rĕfĭcĭunt.*

– –‿‿ ionique majeur .. .. *īncŭmbĕrĕ.*

‿‿– – — mineur.............. *rĕpĕtēbănt.*

–‿‿– choriambe. . ... *māgnănĭmīs.*

‿– –‿ antispaste .... *pĕtīvĕrĕ.*

–‿‿– ditrochée .... *mălŭĕrĕ.*

‿– ‿– diiambe.................... *rĕdŭxĕrānt.*

‿– – – épitrite   I.... .... *rĕdūcēbānt.*

–‿– – —   II.... .... *dīrĭgēbănt.*

– – ‿– —   III............. .. *dīrĕxĕrānt.*

– – –‿ —   IV.... .... *dīrĕxĕrĕ.*

– – – – dispondée .. .. *dīrĕxĕrūnt.*

Les pieds les plus usités dans les vers latins sont le *dactyle*, le *spondée*, l'*iambe*, le *trochée*, l'*anapeste*, le *crétique*, le *choriambe*.

Quelques grammairiens ont donné aussi des noms aux trente-deux combinaisons de cinq syllabes, et classé les soixante-quatre combinaisons de six syllabes. Cicéron, dans un passage (*Orator*, 64) où il donne des préceptes relatifs au nombre oratoire, énumère les pieds qui terminent le mieux la période. Il conseile de préférer comme avant-dernier pied l'iambe, le tribraque, le dactyle, et de mettre à la fin le spondée, le pœon, surtout le crétique et le pied de cinq syllabes appelé *dochmius* (ex. : ămĭcōs tĕnĕs).

Chaque pied se divise en deux parties : la partie forte ou *arsis*, la partie faible ou *thésis* (1). C'est sur d'arsis que tombe l'*accent métrique* ou *ictus*. Dans les pieds ordinaires, dactyle, spondée, trochée, iambe, l'arsis est toujours formée par une syllabe longue, ou par deux brèves, considérées comme l'équivalent d'une longue.

Dans le trochée, le spondée, le dactyle, l'arsis est la première syllabe; c'est au contraire la dernière dans l'iambe et l'anapeste. Quand le spondée ou le dactyle remplacent l'iambe et l'anapeste, l'arsis passe à la seconde syllabe.

L'accent *métrique* tantôt est confondu avec l'accent *tonique*, tantôt en est distinct. Dans l'exemple suivant, nous marquons du signe' l'accent métrique, et nous écrivons en *italiques* les syllabes qui ont l'accent tonique :

Silvestrém *tenui* musám meditáris avéna.

Au point de vue du temps, on considère la brève comme l'unité (*mora*); la longue équivaut à deux brèves, en sorte que le rapport de l'arsis à la thésis est variable: dans le dactyle, le spondée, l'anapeste, il est $\frac{2}{2}$ (γένος ἴσον) ; dans l'iambe, il est $\frac{1}{2}$; dans le trochée, $\frac{2}{1}$ (γένος διπλάσιον(2). La succession régulière des temps mesurés constitue le *rythme*. Un vers est une phrase ou portion de phrase rythmée dans laquelle des règles déterminent le nombre et l'agencement des éléments constitutifs.

---

(1) Ἄρσις lever, θέσις baisser (du pied). Les Grecs donnaient à ces deux mots un sens opposé : le premier désignait, pour eux, la partie faible, le second la partie forte du pied.

(2) Dans la métrique grecque, cette distinction entre le γένος ἴσον et le γένος διπλάσιον a une grande importance. Le *genre égal*, base de l'hexamètre, grâce à l'équilibre qui règne entre l'*arsis* et la *thésis*, a un caractère de calme et de dignité qui convient particulièrement à l'épopée ; le *genre double*, qui rompt l'équilibre entre les deux parties du pied, est plus léger et plus vif, et convient à la satire, à la poésie dramatique et lyrique. L'iambe et le trochée, quoiqu'ils appartiennent au même genre, ont un caractère différent: l'iambe, qui s'élève du temps faible au temps fort, est plus énergique ; le trochée, qui descend du temps fort au temps faible, a plus de douceur.

La réunion de deux pieds (*dipodie*), iambes, trochées ou anapestes, forme un *mètre*(1); quelquefois les deux termes de *pied* et de *mètre* se confondent: ainsi l'*hexamètre* a *six pieds* ou *six mètres*; le *pentamètre* a *cinq pieds* ou *cinq mètres*. Le mot *mètre* s'emploie encore pour désigner tout assemblage régulier d'un nombre déterminé de pieds, formant un vers ou même un groupe de vers (*système* ou *strophe*).

§ 2. LIAISON DES PIEDS, CÉSURES.

1° *Liaison des pieds.*

Si la fin de chaque pied coïncidait avec la fin d'un mot, l'harmonie du vers serait détruite. Dans l'exemple suivant :

Spársis | hástis | lóngis | cámpus | spléndet et ⁞ hórret   Enn.

le temps fort de chaque mesure tombant sur la première syllabe de chaque mot, les différentes parties du vers sont morcelées par le rythme.

Au contraire dans le vers suivant :

Múltaque | práetere- | á vari- | árum | mónstra fe- | rárum V.

le mot *práetere-* | *á*, partagé entre deux pieds différents, ne laisse qu'un intervalle très court entre le temps faible de la mesure qui précède et le temps fort de la mesure qui suit ; il en est de même pour *vari-* | *árum*. Grâce aux enjambements des mots sur le pied suivant, et malgré le mouvement du rythme, le troisième pied est relié au deuxième, et le quatrième au troisième.

2° *Césures.*

Lorsqu'un vers atteint une certaine longueur, lors-

---

(1) L'iambe et le trochée ont été réunis par couples à cause du peu d'étendue de chaque pied; il en a été de même pour l'anapeste, parce qu'il était usité primitivement dans les chants de marche des Spartiates et devait avoir un mouvement accéléré.

qu'il a plus de quatre pieds, il se décompose en deux parties, en deux membres (κῶλα), de même que la mélodie musicale qui l'accompagnait primitivement. Le repos qui marque la fin du premier membre s'appelle *césure*.

Le premier membre du vers étant d'une étendue variable, la césure peut se déplacer; elle suit tantôt et le plus souvent le 5ᵉ demi-pied (*césure penthémimère* (1), tantôt le 7ᵉ demi-pied (*césure hepthémimère*). Elle tombe toujours après la fin d'un mot. Après une syllabe longue, elle est dite *forte* ou *masculine;* après une brève, elle est *faible* ou *féminine.*

Dans le vers cité plus haut, la césure est placée après l'*a* final de *præterea* qui termine le premier membre.

> Multaque præterea ‖ variarum monstra ferarum.

La césure se marque souvent par certaines licences prosodiques ou métriques (2), et par certaines dispositions symétriques des mots :

> *Tu* mihi cura, Phaon **|** ; *te* somnia nostra reducunt. O.
> Terrarum *dominos* **|** evehit ad *deos.*   H.
> Impia in *adversos* **|** solvimus ora *deos.*   TIB.

Outre la césure proprement dite ou *principale*, les vers renferment souvent des *césures accessoires.* On nomme ainsi le repos qui, au milieu d'un pied, suit la fin d'un mot.

> Conscendit **|** furibunda **|** rogos ‖ ensemque **|** recludit.   V.

La césure principale est après *rogos.* Ce vers a de plus trois césures accessoires.

Le repos du sens le plus important coïncide généralement avec le repos musical, c'est-à-dire, avec la césure principale. Mais il peut coïncider aussi avec une césure accessoire, comme dans le vers suivant :

> Oscula libavit ‖ natæ **|** ; dehinc talia fatur.   V.

---

(1) *Penthémimère* de πενθημιμερή; (πέντε, ἥμι, μέρος) cinq demi-pieds; *hepthémimère* (de ἑπτά) sept demi-pieds.
(2) V. p. 46 *allongements devant la césure*, et p. 59 *vers asynartètes.*

Le repos tombe quelquefois à la fin d'un pied :

> . . . . Ibi omnis,
> Effusus labor, | atque immitis rupta tyranni
> Fœdera.   **V.**

L'usage simultané de la césure masculine, de la césure féminine et du repos à la fin d'un pied, permet de varier singulièrement la cadence et les coupes.

(Voir plus loin, césures et coupes de l'hexamètre).

Allongements devant la césure (1).

On trouve par exception : 1° une voyelle finale, surtout celle de l'enclitique *quĕ*, allongée devant deux consonnes, une liquide ou la sifflante; 2° une syllabe finale que termine une consonne allongée devant une voyelle.

> Ex. :   Lappæœuē tribulique . . . . **V.**
> Pectoribūs inhians. . . . . **V.**

Le second cas est plus fréquent que le premier ; dans presque tous les exemples que l'on rencontre, l'allongement a lieu à l'arsis et surtout devant la césure principale.

§ 3. — FIN DU VERS ; VERS CATALECTIQUES ; REJETS

La fin du vers est une sorte de césure plus marquée encore. Il est nécessaire que l'oreille soit avertie clairement quand la mesure est terminée. En français, par exemple, la fin du vers est indiquée par l'hiatus de la voyelle finale, par la présence de la syllabe muette et surtout par la rime. En latin, ce qui indique en général que le vers est terminé, c'est l'observation plus rigoureuse de la mesure dans les derniers pieds, l'absence ou la rareté dans ces pieds des césures fortes et des élisions, l'hiatus de la voyelle finale et la *quantité indifférente* de la dernière syllabe (2).

Souvent le dernier pied d'un vers ou même d'un

---

(1) Imitation de la métrique grecque.
(2) C'est à cause du temps d'arrêt qui marque la fin du vers que la dernière syllabe peut être indifféremment brève ou longue.

hémistiche était abrégé d'une ou deux syllabes. La musique remplaçait les syllabes absentes par un silence ou une pause d'une durée équivalente (1). Mais la métrique considérait les vers de ce genre comme incomplets. Ils sont appelés *catalectiques* (καταλήγω, cesser, s'interrompre), *in syllabam* ou *in dissyllabum*, suivant qu'il subsiste une ou deux syllabes du pied interrompu. Les vers complets sont appelés *acatalectiques*. Le vers *élégiaque* ou *pentamètre* est composé de deux hémistiches dactyliques catalectiques ou incomplets.

Ex. : Et quod | tenta- | bam.. ‖ dicere | versus e- | rat... **Ov.**

Le repos de la fin du vers est quelquefois moins marqué. Souvent la phrase se prolonge jusque dans le vers suivant; les mots ainsi rejetés constituent les *rejets* ou *enjambements*.

Les rejets constituent un des moyens les plus puissants pour varier l'harmonie du vers, pour accommoder la phrase ou la période poétique à la peinture des objets et à l'expression des sentiments. Virgile excelle dans cette partie de son art.

Les rejets sont usités dans toute espèce de mètres; leur emploi dépend à la fois des règles particulières aux vers et de l'art de chaque écrivain.

Voici quelques exemples :

Multa patri mandata dabat portanda ; sed auræ
Omnia discerpunt et nubibus irrita donant.
Egressi superant fossas noctisque per umbram
Castra inimica petunt, multis tamen ante futuri
Exitio.   **V.**

    Sperat infestis, metuit secundis
    Alteram sortem bene præparatum
    Pectus. Informes hiemes reducit
        Jupiter; idem
    Submovet. Non, si male nunc, et olim
    Sic erit : quondam cithara tacentem
    Suscitat musam, neque semper arcum
        Tendit Apollo.   **H.**

(1) Cette pause était représentée par le signe Λ (λεῖμμα).

Tremuere terræ; fugit attonitum pecus
Passim per agros, nec suos pastor sequi
Meminit juvencos; omnis e saltu fera
Diffugit; omnis frigido exsanguis metu
Venator horret.   S.

CHAPITRE II

DIFFÉRENTES ESPÈCES DE VERS

§ 4. — VERS DACTYLIQUES.

Hexamètre.

On distingue les vers entre eux d'après la nature des pieds qui y dominent : vers *dactyliques, iambiques, anapestiques, trochaïques,* etc., et par le nombre des pieds ou des mètres : *hexamètres, trimètres, dimètres,* etc. Ils sont désignés souvent par les noms des poètes auxquels on en attribue l'invention : *saphiques, alcaïques,* etc.

Parmi les vers dactyliques, le plus usité est le vers *dactylique hexamètre,* qu'on appelle encore vers *héroïque* ou *épique* ou *pythien.*

Il est *catalectique in dissyllabum,* c.-à-d. que le dernier pied est un trochée ou un spondée, la quantité de la finale étant indifférente (1).

L'*hexamètre* se compose de six mètres ou six pieds. Chacun de ces pieds est un *dactyle,* auquel on peut substituer un *spondée;* cependant le spondée ne se trouve que rarement au cinquième pied. Dans ce cas exceptionnel, le vers s'appelle *spondaïque ;* Catulle et ses imitateurs en ont fait un fréquent usage.

(1) V. § 3.

Plus l'hexamètre a de dactyles, plus il est léger. En général les poètes entrecroisent les dactyles et les spondées, et multiplient les uns ou les autres, selon qu'ils veulent rendre le mouvement plus rapide ou plus lent.

Voici, au point de vue des pieds, les différents aspects possibles de l'hexamètre régulier :

Cinq spondées et un dactyle.

$$-- \mid -- \mid -- \mid -- \mid -\cup\cup \mid -\smile$$

ēt că- | līgān- | tēm uī- | grā fōr- | mīdĭnĕ | lūcŭm.　　V.

Quatre spondées et deux dactyles.

$$-\cup\cup \mid -- \mid -- \mid -- \mid -\cup\cup \mid -\smile$$
$$-- \mid -\cup\cup \mid -- \mid -- \mid -\cup\cup \mid -\smile$$
$$-- \mid -- \mid -\cup\cup \mid -- \mid -\cup\cup \mid -\smile$$
$$-- \mid -- \mid -- \mid -\cup\cup \mid -\cup\cup \mid -\smile$$

Vīlĭŭs | ārgēn- | tum ēst aū- | rō, vīr- | tūtĭbŭs | aūrŭm.　　H.
Sīncē-| rum ēst nĭsĭ | vās quŏd-| cūnque īn-| fūndĭs, ă-|cēscĭt.　　H.
Mūlcēn- | tēm tĭ- | grēs ĕt ă- | gēntēm | cārmĭnĕ | quērcŭs.　　V.
O cĭ- | vēs, cĭ- | vēs, quæ- | rēndă pĕ- | cūnĭă | prīmum ēst.　　H.

Trois spondées et trois dactyles.

$$-\cup\cup \mid -- \mid -\cup\cup \mid -- \mid -\cup\cup \mid -\smile$$
$$-\cup\cup \mid -- \mid -- \mid -\cup\cup \mid -\cup\cup \mid -\smile$$
$$-\measuredangle \mid -\cup\cup \mid -\cup\cup \mid -- \mid -\cup\backprime \mid -\smile$$
$$-- \mid -\cup\cup \mid -- \mid -\cup\cup \mid -\cup\cup \mid -\smile$$
$$-- \mid -- \mid -\cup\cup \mid -\cup\cup \mid -\cup\cup \mid -\smile$$

Dūcĭt ĕt | Intāc- | tā tŏtĭ- | dēm cĕr- | vĭcĕ jŭ | vēncăs.　　V.
Jām prŏpĭ-| ŏr, tēm-| plūmque āp-| pārĕt ĭn | ārcĕ MĬ-| nērvæ.　　V.
Intēn- | dēs ănĭ- | mūm, stŭdĭ- | Is ĕt | rēbŭs hŏ- | nēstĭs.　　H.
Sīlvēs-| trēm tĕnŭ- | I mŭ- | sām mĕdĭ- | tārĭs ă- | vēnă.　　V.
O fōr- | tūnă- | tōs nĭmĭ- | ŭm, sŭă | sĭ bŏnă | nōrĭnt.　　V.

Deux spondées et quatre dactyles.

$$-- \mid -\smile\smile \mid -\smile\smile \mid -\smile\smile \mid -\smile\smile \mid -\breve{\smile}$$

$$-\smile\smile \mid -- \mid -\smile\smile \mid -\smile\smile \mid -\smile\smile \mid -\breve{\smile}$$

$$-\smile\smile \mid -\smile\smile \mid -- \mid -\smile\smile \mid -\smile\smile \mid -\breve{\smile}$$

$$-\smile\smile \mid -\smile\smile \mid -\smile\smile \mid -- \mid -\smile\smile \mid -\breve{\smile}$$

Nōn ūn-|quăm grăvĭs | ăĕrĕ dŏ-|mūm mĭhĭ | dēxtrā rĕ-|dībăt.   V.
Lābĭtŭr | ét lā- | bĕtŭr ĭn | ōmnĕ vŏ- | lūbĭlĭs | ævŭm.   H.
Pārs Scўthĭ-|am ēt răpĭ-|dūm Crē-| tæ vĕnĭ-|ēmŭs ŏ-|āxĕm.   V.
Aūdĭĭt; | ĭnsŏlĭ- | tĭs trĕmŭ- | ērŭnt | mōtĭbŭs | ālpēs.   V.

Un spondée et cinq dactyles.

$$-\smile\smile \mid -\smile\smile \mid -\smile\smile \mid -\smile\smile \mid -\smile\smile \mid -\breve{\smile}$$

Arĕt ă | gĕr, vĭtĭ- | ō mŏrĭ- | ēns sĭtĭt | ăĕrĭs | hērbă.   V.

Exemples de vers *spondaïques* :

Pōst vēn-|tō crēs-|cēntĕ mă- | gĭs, măgĭs|ĭncrē-|brēscūnt.   C.
Quæsī- | tum Ænē- | ān ād | mœnĭā | Pāllān- | tēā.   V.
Ĭn vāl-|lem Egĕrĭ- | æ dēs- | cēndĭmŭs | ĕt spē- | lūncās.   J.

Il est extrêmement rare que, dans ces sortes de vers, le quatrième pied ne soit pas un dactyle. On en trouve cependant où cette règle est négligée :

Aūt lē- | vēs ŏcrĕ- | ās lēn- | tō dū- | cūnt ār- | gēntō.   V.

Cette diversité déjà si grande des hexamètres est augmentée à l'infini par la place de la césure et l'enchevêtrement des pieds.

§. 5. — DE LA CÉSURE DANS L'HEXAMÈTRE DACTYLIQUE.

Dans l'hexamètre, le premier membre (1) étant généralement composé de deux pieds et demi, la césure la plus fréquente est celle qui suit le cinquième demi-

(1) V. p. VI et VII, note 1, et p. 44, 2°.

pied (*césure penthémimère*), ou autrement l'arsis du troisième pied :

> Hoc erat in votis, | modus agri non ita magnus.   H.

Dans cet exemple, il n'y a aucune césure accessoire. D'autres
fois il y a une césure accessoire après la deuxième ou quatrième
arsis, ou en même temps après la deuxième et la quatrième :

> Protinus impressa || signat | sua crimina gemma.   H.
> Vincentem | strepitus, || et natum rebus agendis.   H.
> Accedas | socius; || laudes, | lauderis ut absens.   H.

Dans le vers suivant il n'y a, avec la césure principale, qu'une
césure feminine dans le quatrième pied :

> Imperat aut servit || collecta | pecunia cuique.   H.

La plupart des vers lyriques d'Horace ont une césure
analogue à la penthémimère de l'hexamètre.

Souvent aussi le premier membre de l'hexamètre se
compose de trois pieds et demi. La césure tombe alors
après le 7e demi-pied (*césure hephthémimère*), ou autrement après l'arsis du quatrième pied.

La césure *hephthémimère* de l'hexamètre est précédée,
en règle générale, de deux repos accessoires, l'un après
la première syllabe longue du 2e pied (*césure trihémi-
mère*), l'autre après la deuxième syllabe brève du 3e pied
(*césure trochaïque*, κατὰ τρίτον τροχαῖον) :

> Oderunt | peccare | boni || virtutis amore.   H.

Les poètes de la décadence finirent par abuser de
cette coupe harmonieuse.

Tous les poètes, même les plus rigoureux, ont quelquefois pour césure principale la césure trochaïque,
très fréquente chez Homère :

> Labitur et labetur | in omne volubilis ævum.   H.
> . . . . divisque videbit
> Permixtos heroas , | et ipse videbitur illis.   V.

Les autres formes de vers hexamètres sont plus rares. On en
trouve, surtout chez les satiriques, où la seule césure masculine

est après le troisième pied, plus rarement encore après le premier, et même quelques-uns qui n'ont aucune césure masculine. Ex. :

> Respon re cupidinibus, ‖ contemnere honores.   H.
> Cum laqueo uxorem interimis ‖ matremque veneno.   H.
> Accessit ‖ numerisque modisque licentia major.   H.
> Dignum mente domoque ‖ legentis honesta Neronis.   H.

Ce dernier vers est d'autant plus fautif que les derniers mots forment une sorte de vers, composé de quatre *amphibraques*.

$$\cup\_\cup \mid \cup\_\cup \mid \cup\_\cup \mid \cup\_\cup$$

La césure tombe fort bien après un monosyllabe, s'il est précédé d'un autre monosyllabe, ou bien s'il est rattaché très étroitement au mot précédent par le sens ou par une élision :

> Jura, fides ubi nunc, | commissaque dextera dextræ?   O.
> Vincla recusantum et | sera sub nocte rudentum.   V.
> Cecropide, nec te | committe rapacibus undis.   O.

Horace, dans les satires et les épîtres, met très souvent la césure après un monosyllabe, même sans l'atténuation que présentent les deux exemples cités.

Parfois le troisième pied présente une césure particulière par suite de l'élision de la finale :

> Exit oppositasque | evicit gurgite moles.   V.
> Scuta virum galeasque | et fortia corpora volvit.   V.

Les exemples de ce genre sont assez nombreux chez Virgile ; mais en général l'élision à la césure est évitée par les versificateurs sévères.

Quelquefois aussi l'absence de césure régulière est atténuée par ce fait que la syllabe qui commence le troisième pied est le préfixe monosyllabique d'un mot composé, comme dans le vers suivant :

> Vestrum prætor is in-testabilis et sacer esto.   H.

§ 6. — FINS DE VERS, COUPES DE L'HEXAMÈTRE.

C'est à la fin du vers que la mesure doit rester le plus pure ; aussi évite-t-on les élisions, les césures masculines au cinquième et au sixième pied.

Horace et les satiriques sont moins rigoureux à cet égard ; chez tous les poètes, d'ailleurs, on trouve des exceptions lorsqu'ils veulent produire une harmonie particulière :

> Parturiunt montes, nascetur ridiculus mus.   H.
> Sternitur, exanimisque tremens procumbit humi bos.   V.

On évite aussi les fins de vers formées par des mots de quatre ou cinq syllabes; les exceptions portent surtout sur des noms propres ou des mots grecs. Ex.:

Damonis musam dicemus et Alphesibœi. V.
Aeriæ quercus aut coniferæ cyparissi. V.

Donc la fin du vers est réguliérement formée ainsi:

$-\smile\smile$ $-\bar{\smile}$ tĕmpŏrĭs | ānnī.
$-\smile$ $\smile$ $-\bar{\smile}$ cūrrĕt ĕt | īntĕr.
$-\smile$ $\smile-\bar{\smile}$ rōdĭt ă | micŭm.
$\smile\smile-\smile$ $\smile-\bar{\smile}$ spătĭ- | ūmquĕ jŭ- | vēntǣ.
$\smile\smile-\smile\smile$ $-\bar{\smile}$ nŭmĕ- | rōsăquĕ | tūrbă.
$--\smile\smile$ $-\bar{\smile}$ cōn- | sīstĕrĕ | flūmĕn.
$\smile-\smile$ $\smile$ $-\bar{\smile}$ ă- | cĕrvŭs ĕt | aürī.

Cette dernière forme, c'est-à-dire, un mot formant un *amphibraque* ($\smile-\smile$), suivi d'un *bacchius* ($\smile--$) ou un *pæon* II ($\smile-\smile\smile$), suivi d'un *spondée*, est la moins fréquente ; Catulle l'a évitée presque absolument ; elle est complétement fautive s'il y a un arrêt du sens devant la dernière brève du quatrième pied, comme dans le vers :

Olim truncus eram ficulnus, | inutile lignum. H.

Le repos du sens est rare aussi après le 4ᵉ pied, qui dans ce cas est toujours un dactyle. Très usité chez les Grecs, chez Théocrite en particulier, moins fréquent dans les *Bucoliques* de Virgile, ce genre de césure a reçu des grammairiens le nom de *césure bucolique*.

Ex.: Lusisti satis, | edisti satis | atque bibisti. H.

Les coupes les plus rares sont constituées par la pause qui tombe après le troisième pied ou après le deuxième, ou après le premier s'il est *spondaïque*. Ces formes exceptionnelles sont quelquefois recherchées par les poètes, lorsqu'ils veulent donner au vers un mouvement particulier. Ex. :

Arma amens fremit, | arma toro tectisque requirit. V.
Ut primum cessit furor, | et rabida ora quierunt (1). V.
Hasta sub exsertam donec perlata papillam
Hæsit, | virgineumque alte bibit acta cruorem. V.

Le vers *hexamètre* est quelquefois *hypermètre*, c'est-à-dire qu'il y a après le sixième pied une syllabe qui s'élide sur la voyelle qui commence le vers suivant; le plus fréquemment la syllabe ainsi élidée est l'enclitique *que* ou *ve*.

(1) Les vers ainsi coupés par le milieu s'appellent quelquefois *priapéens*.

Et magnos membrorum artus, magna ossa lacertos —*que*
Exuit.   **V.**

Aut dulcis musti vulcano decoquit humor —*em*
Et foliis, etc.   **V.**

Nous verrons plus loin que d'autres vers présentent également cette élision exceptionnelle.

§ 7. — *Vers élégiaque* ou *pentamètre*.

Le vers *élégiaque*, appelé improprement *pentamètre dactylique*, n'est en réalité qu'un hexamètre altéré où le troisième et le sixième pied sont interrompus par une pause(1); il est composé de deux membres ou hémistiches qui sont formés chacun de deux dactyles et d'une syllabe longue, autrement dit, de deux hémistiches dactyliques catalectiques *in syllabam* ou incomplets; dans le second hémistiche, les dactyles ne sont jamais remplacés par des spondées; la césure est nécessaire entre les deux hémistiches. Le pentamètre peut donc se représenter ainsi :

$$\_\overline{\smile\smile} \mid \_\overline{\smile\smile} \mid \_ \parallel \_\smile\smile \mid \_\smile\smile \mid \_\smile$$

Bien que la dernière syllabe d'un vers soit indifférente, le pentamètre se termine rarement, chez les versificateurs rigoureux, par une voyelle brève. Ils mettent aussi très rarement à la fin du pentamètre des monosyllabes, des mots de trois, de cinq ou de six syllabes; en général, le dernier mot doit avoir deux syllabes, et il en a quelquefois quatre ; les élisions sont proscrites à la césure; elles sont rares et peu dures dans le deuxième hémistiche.

Le pentamètre ne s'emploie pas seul; il forme avec l'hexamètre, dont il n'est qu'une réduction, une strophe de deux vers appelée *distique;* c'est une règle rigou-

_____

(1) V. p. 46. Le vers *élégiaque* a été le premier essai de réforme de la métrique grecque qui d'abord était réduite au seul *hexamètre.*

reuse qu'un distique ne doit pas enjamber sur le suivant, et que le sens doit permettre un arrêt à la fin de
chaque pentamètre. Ex :

> Turpe quidem dictu, sed, si modo vera fatemur,
>   Vūlgŭs ă- | mīcītĭ- | ās ‖ ūtĭlĭ- | tātĕ prŏ- | băt.
> Cura, quid exped at, prius est quam quid sit honestum,
>   Et cūm | fŏ; tū- | nä ‖ stătquĕ că- | dītquĕ fī- | dĕs.
> Nec facile inveni.s multis in millibus unum,
>   Vīrtū- | tĕm prĕtĭ | ūm ‖ quī pŭtĕt | ĕssĕ sŭ- | l.   O.

§ 8. — *Autres vers dactyliques.*

En allant des plus courts aux plus longs :

1° Le *trimètre catalectique in syllabam :*

>   ‒◡◡ | ‒◡◡ | ‒
> Arbŏrĭ- | būsquĕ cŏ- | mæ;

employé par Horace dans la *strophe première archiloquienne* (1) où il suit l'hexamètre (*Ode*, IV, 7).

2° Le *tétramètre acatalectique*, employé par Sénèque
(*Œdipe*, 455-473) :

>   ‒◡◡ | ‒◡◡ | ‒◡◡ | ‒◡◡
> Tūm pĭ- | rätä frĕ- | tō păvĭ- | dūs nătăt.   S.

3° Le *tétramètre catalectique in duas syllabas* ou *alcmanique* est aussi employé par Horace (2) :

>   ‒◡◡ | ‒◡◡ | ‒◡◡ | ‒◡
> Trīstĭtĭ- | ăm vĭ- | tæquĕ lă- | bōrĕs ;

mais seulement en alternant avec l'hexamètre (*strophe deuxième archiloquienne* O. I, 7, 28).

Citons encore, pour mémoire, l'*hexamètre miure* ou *iambique*,
c'est-à-dire terminé par un iambe, et le *tétramètre iambique* ou *pha-
lisque* (trois dactyles et un iambe). Les grammairiens citent comme
exemple du premier deux vers de Livius Andronicus :

> Balteus et revocet volucres in pectore sĭnus . . .
> Dirige odorisequos ad nota cubilia cănes.

---

(1) Archiloque de Paros, poète du septième siècle avant J.-C., créateur
des mètres iambiques et trochaïques.
(2) Alcman, de Sardes, poète du septième siècle avant J.-C.

Et comme exemple du second une pièce de Septimius Serenus(1) :

> Quando flagella jugas, ita jŭga,
> Vitis et ulmus uti simul ĕant, etc.

§ 9. — VERS IAMBIQUES.

Trimètre d'Horace, de Phèdre, de Sénèque.

Le plus usité des vers latins, après l'hexamètre, était le *trimètre acatalectique* ou *senarius* qui est une *hexapodie* iambique.

Il est rarement pur, c'est-à-dire composé entièrement d'iambes :

> Phăsĕ- | lŭs ĭl- | lĕ quĕm | vĭdē- | tĭs hōs- | pĭtēs.   C.

Mais, en général, les pieds impairs peuvent être remplacés par des spondées ; le trimètre est alors appelé *archiloquien* :

> Tū pō- | nĕ fēr- | rūm, cău- | să quī | fērri ēs | prĭŏr.   S.
> Spēs nūl- | lă tān- | tūm pōs- | sĕ lē- | nīrī | mălŭm.   S.

De plus, on trouve souvent deux brèves substituées à une longue, en sorte que l'iambe peut être remplacé par un tribraque ⏑⏑⏑, par un dactyle, un anapeste ⏑⏑– ou même par quatre brèves.

Chez Horace, on trouve le tribraque surtout au deuxième pied, l'anapeste au cinquième, le dactyle au premier et au troisième.

Dans les dialogues de Sénèque le Tragique, les pieds pairs sont presque toujours des iambes et quelquefois des tribraques ; cette substitution n'a jamais lieu au dernier pied ; les pieds impairs sont des iambes, des spondées, des dactyles ou des anapestes.

Phèdre suit une loi différente : l'iambe du dernier pied, par imitation des anciens comiques, est seul respecté ; partout ailleurs il lui substitue le spondée, l'anapeste, le dactyle ou le tribraque(2) ; on rencontre le *procéleusmatique* (quatre brèves) au premier pied. Il y a aussi quelques cas semblables chez Sénèque.

La césure de l'iambique sénaire est généralement penthémimère :

> Contra potentes | nemo est munitus satis.   Ph.

(1) Poète contemporain de Vespasien.
(2) Le dactyle paraît surtout aux premier, troisième et quatrième pieds ; le tribraque aux deuxième, troisième et quatrième.

Plus rarement elle est hephthémimère :

Et quod vides perisse, | perditum ducas.   C.

Voici des exemples des différentes sortes de trimètre sénaire.

Trimètre pur :

Mĕǣ- | quĕ tēr- | ră cē- | dĕt ĭn- | sŏlēn- | tĭæ.   H.

Trimètres avec spondée aux pieds impairs :

Sūpplēx | ĕt ō- | rō rĕ- | gnă pēr | Prōsēr- | pĭnǣ.
Cītūm- | quĕ rĕ- | trō sōl- | vĕ, sōl- | vĕ tūr- | bĭnĕm.   H.

Trimètres avec dactyle, anapeste, tribraque aux pieds impairs ou procéleusmatique au premier :

Quĭd dī- | xĭt aūt | quĭd tăcŭ- | ĭt? ō | rēbūs | mēĭs...   H.
Tūnc sīc|dĕō-|rūm gĕnĭ-|tōr ăt-|que hŏmĭnūm|sătŏr.   Ph.
Păvĕt ănĭ-|mūs, ār-|tūs hŏr-|rĭdūs| quāssāt| trĕmŏr.   S.

Trimètres avec substitution à tous les pieds, sauf au dernier :

Nārrā- | bō tĭbĭ | mĕmŏrĭ- | ā quŏd | făctum ēst | mĕā.
Quāntŏ ēst | făcĭlĭ- | ūs mĭhĭ | sūb tēc- | tō vī- | vĕrĕ... Ph.

§ 10. — AUTRES VERS IAMBIQUES LES PLUS USITÉS EN LATIN

1° Trimètre catalectique :

◡◡ | ◡– | ◡– | ◡– | ◡– | –

Trăhūnt-|quĕ sīc-|cās mā-|chĭnæ | cărī-|nās.   H.

Horace n'y décompose presque jamais les longues en deux brèves, et n'y emploie que la césure penthémimère.

2° Iambique dimètre :

◡– | ◡– | ◡– | ◡◡

Fōrtī | sĕquē- | mūr pēc- | tŏrĕ.   H.
Dulci | sŏpō- | rĭ lan- | guĭdæ.   H.

Le dimètre se combine chez Horace avec le trimètre :

Ibĭs | Lĭbūr- | nĭs ĭn- | tĕr āl- | tă ʼs-|vĭŭm,
Amĭ-|cĕ, prō-|pūgnā-|cŭlă.

3° *Le dimètre catalectique*, composé de trois **pieds et demi**, et le *brachycatalectique*, de trois pieds seulement.

Sénèque a composé des strophes de vers de la première espèce, quelquefois terminées par un vers de la deuxième.

$$
\begin{aligned}
&\text{Hūc fērt} \mid \text{pĕdēs} \mid \text{ět ĭl-} \mid \text{lūc,} \\
&\text{Ut tĭ-} \mid \text{grĭs ōr-} \mid \text{bă nā-} \mid \text{tĭs} \\
&\text{Cūrsū} \mid \text{fŭrēn-} \mid \text{tĕ lūs-} \mid \text{trăt} \\
&\text{Gāngē-} \mid \text{tĭcūm} \mid \text{nĕmŭs.} \qquad\qquad \text{Sén.}
\end{aligned}
$$

Ce vers présente les mêmes substitutions de pieds que le trimètre.

4° *Pentapodie catalectique* (ennéasyllabe alcaïque) (1):

$$\cup\text{-} \mid \cup\text{-} \mid \text{--} \mid \cup\text{-} \mid \cup$$

Cǣmĕn- | tă dĕ- | mīttĭt | rĕdēmp- | tŏr.   H.

Le premier pied est le plus souvent un spondée, quelquefois un iambe, le troisième est toujours un spondée; les deux pieds pairs sont toujours des iambes.

Ce vers, qui est le troisième de la strophe *alcaïque*, est le plus souvent composé chez Horace de trois mots de trois syllabes, et il a ordinairement un repos après le troisième pied.

REMARQUE. On peut scander ce vers autrement. V, § 12 et 15:

Cǣ-mēntă | dēmīt- | tĭt rĕ- | dēmptŏr.

5° *Octonaire catalectique* :

$$\cup\text{-} \mid \cup\text{-} \mid \cup\text{-} \mid \cup\text{-} \mid \cup\text{-} \mid \cup\text{-} \mid \cup\text{-} \mid \cup$$

Dēprēn- | să nā- | vĭs ĭn | mărĭ | vēsā- | nĭēn- | tĕ vēn- | tŏ. Cat.

6° *Trimètre iambique scazon* ou *choliambe* (2) (hipponacteus ou mimiambus trimètre). Il est terminé par un spondée ou un trochée.

Catulle en a fait usage dans huit pièces; Martial s'en sert dans un grand nombre d'épigrammes. Ils y admettent les mêmes substitutions de pieds que dans le

---

(1) Alcée, de Lesbos, poète du sixième siècle avant J.-C.

(2) C'est-à-dire *boiteux* (σκάζων ou χωλός); ce mètre est appelé ainsi, parce que le spondée vient y ralentir la marche rapide de l'iambe. Il a été inventé par Hipponax d'Ephèse, poète du 6e s. av. J.-C.

trimètre ordinaire,.sauf au cinquième pied, qui est toujours un iambe.

Lūdī | măgīs-|tēr pār-|cĕ sīm-|plĭcī | tūrbæ :
Sīc tē | frĕquēn-|tēs āu-|dĭant | căpīl-|lātī,
Et dē-|lĭcă-|tæ dī-|lĭgăt | chŏrŭs | mēnsæ...
Scŭtĭcă-|quĕ lō-|rīs hŏr-|rĭdīs | Scўthæ | pēllĭs,
Fĕrŭlæ-|quĕ trīs-|tēs scĕp|trā pæ-|dăgŏ-|gōrŭm....   M.
Vīdīs-|tīs īp-|sō răpĕ-|rĕ dē | rŏgō | cēnăm.   C.

Le prologue de Perse est écrit dans le même mètre, ainsi que les *Catalecta* de Virgile : *Corinthiorum amator iste verborum* et *Ite hinc inanes, ite rhetorum ampullæ.*

§ 11. — COMBINAISONS DACTYLO-IAMBIQUES OU ASYNARTÈTES.

Élégiambe, iambélégiaque, épodes.

Horace, à l'exemple d'Archiloque, a formé des vers composés de deux membres, l'un dactylique, l'autre iambique: c'est-à-dire d'un dimètre iambique et d'un hémistiche dactylique. Selon que ce dernier élément précède ou suit, ces vers s'appellent *Elégiambes* ou *Iambélégiaques*. Ils sont *asynartètes* (ἀ privatif, συνάρτητα attachés ensemble); les deux hémistiches ne sont pas fondus aussi intimement que les membres de l'hexamètre ou du trimètre : la syllabe qui termine le premier hémistiche est indifférente, et l'hiatus y est toléré comme à la fin du vers :

Fĕrvĭdĭōrĕ mĕrō | ārcānā prōmōrăt lŏcō.   H.
Lĕvārĕ dīrīs pĕctŏrā | sōllĭcĭtūdĭnĭbŭs.   H.

Ces vers d'ailleurs ne se rencontrent que dans les strophes épodiques, dont les combinaisons sont les suivantes :

1° *Trimètre suivi d'un Elégiambe :*

Pēttī, nĭhĭl mĕ sīcŭt āntĕā jŭvăt
Scrībĕrĕ vērsĭcŭlōs | ămōrĕ pērcūssŭm grăvī.   H.

2° *Hexamètre dactylique, suivi d'ur dimètre iambique :*

Nōx ĕrăt, ĕt cǣlō fūlgēbāt lūnă sĕrēnō
Intĕr mīnōră sīdĕră.   H.

3° *Hexamètre dactylique, suivi d'un trimètre iambique:*

Altĕră jăm tĕrītūr bēllīs cīvīlĭbŭs ǣtās,
Sŭīs ĕt Ipsă Rōmă cīvĭbūs rŭīt.   H.

4° *Hexamètre dactylique, suivi d'un iambélégiaque :*

Hōrrīdă tēmpēstās cǣlūm cōntrāxīt, ĕt īmbrēs
Nīvēsquĕ dēdūcūnt Jŏvēm; nūnc mărĕ, nūnc sīlŭǣ... H.

Nota. Nous avons cité plus haut les strophes composées de deux dactyliques (*hexamètre avec trimètre ou tétramètre,* § 8, 1° et 3°) ou de deux
iambiques (*trimètre avec dimètre* § 10, 2°).

§ 12. — VERS TROCHAÏQUES.

Tétramètre, dimètre catalectiques, grand archiloquien.

Parmi les vers trochaïques les plus usités chez les
classiques latins, nous citerons :

1° Le *tétramètre catalectique;* le trochée peut être
remplacé aux pieds impairs par le tribraque, aux pieds
pairs par le tribraque, le spondée, le dactyle, l'anapeste. Ce vers a presque toujours une césure après le
quatrième pied (1). Il a été d'un très grand usage chez
les anciens poètes dramatiques, chez Lucilius, dans
l'époque classique chez Publius Syrus et Sénèque.

Pāllī- | dī fău- | cēs ă- | vērnī ‖ vōsquĕ | Tænărĕ- | ī spĕ- | cūs,
Undă | mĭsĕrīs | grātă | Lēthès ‖ vōsquĕ | tōrpēn- | tēs lă- | cūs,
Impī- | ŭm răpī- | te ātquĕ | mērsūm ‖ prĕmītĕ | pērpĕtŭ- | īs mă- | līs.

                                        Sén., *Ph.*, 1210.

Dans les vers *trochaïques,* la loi des substitutions de pied est,
on le voit, l'inverse de la règle suivie dans les iambes: les licences
permises aux pieds impairs de ce dernier se reportent, dans le trochaïque, sur les pieds pairs. Cette différence s'explique par une
théorie ingénieuse. On considère la *dipodie trochaïque* comme.le
mètre primitif :

                    ‿ ˘ ‿ ˘

(1) La césure qui, à la fin d'un pied, coupe le vers en deux parties égales
a été appelée *diérèse.* (La diérèse *métrique* ne doit pas être confondue
avec la diérèse *grammaticale.* V. Pros. § 15).

La quatrième syllabe est indifférente parce qu'elle est finale; il en est de même de la huitième et de la douzième :

$$\smile\smile \mid \smile\smile \parallel \smile\smile \mid \smile\smile \parallel \smile\smile \mid \smile\smile$$

Faisons précéder ce vers d'une syllabe de prélude longue ou brève :

$$\smile \mid \smile\smile \mid \smile\smile \mid \smile\smile \mid \smile\smile \mid \smile\smile \mid \smile\smile$$

puis faisons entrer la première syllabe dans la mesure du vers et supprimons la dernière, nous aurons le trimètre suivant :

$$\smile\smile \mid \smile\smile \mid \smile\smile \mid \smile\smile \mid \smile\smile \mid \smile\smile$$

2° *Le dimètre catalectique,* de trois trochées et demi, est employé par Horace, et forme, avec l'*iambique trimètre catalectique,* la strophe *hipponactique* :

$$\smile\smile \mid \smile\smile \mid \smile\smile \mid \smile$$
$$\smile\smile \mid \smile\smile \mid \smile\smile \mid \smile\smile \mid \smile\smile \mid \smile$$

Nŏn ĕ- | bŭr nĕ- | que aūrĕ- | ŭm
Mĕā | rĕnĭ- | dĕt ĭn | dŏmō | lăcū- | năr.

O. II, 18.

3° *Combinaison des mètres dactylique, trochaïque et iambique.*

Horace emploie une strophe où les éléments dactyliques, trochaïques et iambiques sont combinés ainsi : le vers *grand archiloquien,* formé d'un tétramètre dactylique acatalectique (1), plus trois trochées, est suivi d'un trimètre iambique catalectique (*Strophe quatrième archiloquienne*).

Sōlvĭtŭr ācrĭs hĭēms | grātā vĭcĕ ‖ vērĭs ĕt Făvōnĭ,
Trăhŭntquĕ sīccās māchĭnæ cărīnās.

O. I, 4.

REMARQUE. Le *grand archiloquien* a une césure penthémimère et un repos après le quatrième pied qui est toujours un dactyle.

§ 13. VERS ANAPESTIQUES.

Dimètre et monomètre.

L'anapeste, dans les iambiques, prend souvent la place de l'iambe; mais il est aussi employé seul pour former

(1) V. § 8, 20.

différents vers, chez les poètes dramatiques. Le plus usité est le *dimètre*, auquel se mêle le *monomètre*. Aux pieds pairs, il admet le spondée ; aux impairs, le spondée ou le dactyle, d'où résulte une très grande variété.

Voici quelques exemples de Sénèque :

Hæc ĭn- | nŏcŭǣ | quĭbŭs ĕst | vītǣ

Trānquĭl- | lă qŭĭĕs,

Et lǣ- | tă sŭŏ | pârvŏ- | quĕ dŏmŭs.

Tūrbĭnĕ | māgnŏ | spēs ĭm-|mānĭs

Urbĭbŭs | ērrănt, | trĕpĭdĭ-|quĕ mĕtŭs.

Le même poète a fait des strophes composées de dimètres et de monomètres alternés :

Hŭmĕrŏ- | quĕ grăvĕs | lĕvĭbŭs | tēlĭs

Pōnĕ phă- | rētrăs,

Rĕsŏnĕt- | quĕ mănŭ | pūlsă cĭ- | tātă

Vōcă- | lĕ chĕlўs.

§ 14. — VERS IONIQUES.

Mineur, sotadéen, galliambe.

1° L'*Ionique mineur* est employé par Horace dans une seule ode où chaque strophe est composée d'un *tétramètre* suivi de deux *trimètres*. Ce vers n'admet pas de substitutions :

Sĭmŭl ūnctōs | Tĭbĕrīnĭs | hŭmĕrōs lā- | vĭt ĭn ūndĭs
Equĕs ĭpsō | mĕlĭŏr Bĕl- | lĕrŏphōntĕ
Nĕquĕ pūgnō, | nĕquĕ sēgnĭ | pĕdĕ vĭctŭs (1).

2° L'*Ionique majeur*, répété trois fois, et suivi d'un spondée, constitue le vers satirique, connu sous le nom de *sotadéen* (2). Ce type était d'ailleurs diversement disposé.

(1) Nous adoptons ici le système de M. L. Quicherat. Un autre système propose deux *dimètres* au commencement de la strophe, au lieu d'un *tétramètre* :

Simul unctos | Tiberinis
Humeros la- | vit in undis...

(2) Sotadès, poète crétois du troisième siècle avant J.-C.

3º Le *galliambe* (Catulle, 68) est considéré comme un *tétramètre ionique mineur catalectique* ; il est coupé en deux parties par une *césure*. Les substitutions y sont si nombreuses que l'ionique pur ne s'y rencontre presque jamais ; la deuxième longue du premier pied se décompose en deux brèves, dont la seconde à son tour peut se confondre avec la première brève du deuxième pied ; c'est ce qu'on nomme *anaclase* (ἀνακλάζω, briser). Les longues du deuxième pied ne se décomposent pas ; la deuxième longue du troisième pied se décompose régulièrement en brèves ; le deuxième hémistiche est donc plus uniforme que le premier. Le type ordinure est celui-ci :

$$\overline{\cup}\overline{\cup}\cup\cup\cup \mid \cup\hat{\cup}\underline{\;} \parallel \cup\cup\cup\cup \mid \cup\cup\hat{\cup}$$

Adīītque ŏpācă, sīlvīs ‖ rĕdĭmītă lŏcă dḗ.
Stĭmŭlātŭs ĭbī fŭrēntī ‖ răbĭē, văgŭs ănĭmīs.   **C.**

§ 15. VERS LOGAÉDIQUES.

Base, anacruse.

On appelle *logaédiques* (λογαοιδικά) les vers où entre le dactyle, suivi d'un ou de plusieurs trochées.

Ces mètres sont appelés ainsi parce qu'ils tiennent à la fois de la prose (λόγος) par le mouvement rapide du trochée, et de la poésie (ἀοιδή) par la marche harmonieuse du dactyle. Cette combinaison du dactyle et du trochée est due aux poétes Eoliens.

Dans un grand nombre de ces vers, le dactyle est précédé d'un pied, primitivement variable, mais généralement fixé par Horace. Cette sorte de prélude s'appelle une *base*.

Dans d'autres cas, il y a une syllabe de prélude, longue ou brève ; ainsi dans l'*hendécasyllabe alcaïque*, la première syllabe a été chez les Grecs longue ou brèv à volonté ; chez Horace elle est encore quelquefois brève. Cette syllabe de prélude porte le nom d'*anacruse* ἀνάκρουσις, prélude). L'anacruse peut se trouver même devant la base d'un logaédique.

Horace a généralement fixé la quantité de la base et de l'anacruse, que les Grecs considéraient comme variable (1).

Les vers logaédiques se partagent en deux groupes ; les *simples* et ceux qui sont *composés* de deux membres de mesure différente.

(1) Cette théorie commode de l'anacruse est généralement adoptée aujourd'hui.

§ 16. LOGAÉDIQUES SIMPLES.

Adonique, aristophanique, phérécratien, glyconique, déca-
syllabe alcaïque, hendécasyllabes phalécien, saphique,
alcaïque.

1. *Vers adonique.* Le plus court est le vers adonique,
formé d'un dactyle et d'un trochée (ou spondée) :

$$ \_\cup\cup \mid \_\cup $$

Spērnĕrĕ | vŭlgŭs. (1)   H.

Horace l'a employé comme quatrième vers de la *strophe sa-*
phique (2). Sénèque le place à la suite de séries variables de vers
saphiques (voir plus loin).

2. *L'aristophanique* est un dactyle suivi de deux trochées :

$$ \_\cup\cup \mid \_\cup \mid \_\cup $$

Lȳdĭă | dĭc pĕr | ōmnēs....   H.

Horace l'emploie avec le grand saphique (voir plus loin).

3. *Le phérécratien* (3) est un dactyle entre deux trochées ou spondées :

$$ \_\cup \mid \_\cup\cup \mid \_\cup $$

Prōdĕ– | ās, nŏvă | nūptă.   C.

Chez Catulle, la base est généralement un trochée, quelquefois
un spondée, et même un iambe. Horace ne l'emploie que comme
membre adjoint à un autre vers. Catulle s'est permis une fois, contre
la règle suivie absolument par les Grecs, de changer le dactyle en
spondée.

Nūtrĭ– | ūnt hū– | mōrĕ.   C.

4. Le *glyconique* a une syllabe de plus que le phérécratien ; c'est une *tétrapodie catalectique* :

$$ \_\cup \mid \_\cup\cup \mid \_\cup \mid \cup $$

Nūdūm | rēmĭgĭ– | ŏ lă– | tŭs.

Horace n'emploie de glyconiques que dans les strophes asclépiades ; Sénèque les emploie seuls ; mais dans Horace, la base est

---

(1) Nous avons, par extension, compris l'adonique parmi les logaédiques ; à prendre au pied de la lettre les définitions des grammairiens,
le vers logaédique a au moins deux trochées après le dactyle.

(2) Sapho, née à Mitylène (Lesbos), poète du sixième siècle av. J.-C.

(3) L'aristophanique, où le dactyle occupe le premier rang, a été appelé
aussi *phérécratien* 1, et le *phérécratien* proprement dit, où le dactyle occupe le second rang, *phérécratien* 2.

toujours un spondée. Sénèque emploie deux espèces de glyconiques : tantôt il suit la règle d'Horace, tantôt il donne à ses glyconiques une base trochaïque.

D'autre part, Sénèque se permet une licence inconnue avant lui, lorsqu'il transforme le dactyle en spondée :

> Vela, nē prēssæ gravi
> Spiritu āntēnnæ tremant.   Sén.. Oed. 906.

Catulle, dans l'Epithalame de Manlius, emploie des strophes de quatre glyconiques, suivis d'un phérécratien

> Tōllĭte, ŏ pŭĕrī, fācēs ;
> Flāmmĕūm vĭdĕō vĕnīre (1) ;
> Ĭtĕ, cōncĭnĭte īn mŏdŭm,
> O Hȳmēn, Hȳmĕnǣe Ĭō,
> O Hȳmēn, Hȳmĕnǣĕ.

5. Le *décasyllabe alcaïque* redouble pied par pied l'adonique, et renferme deux dactyles suivis de deux trochées :

$$\_\cup\cup \mid \_\cup\cup \mid \_\cup \mid \_\cup$$

> Flūmĭnă | cōnstĭtĕ- | rĭnt ă- | cūtō.   H.

6. L'*hendécasyllabe phalécien* est un phérécratien allongé de deux trochées :

$$\_\_ \mid \_\cup\cup \mid \_\cup \mid \_\cup \mid \_\cup$$

> Jām vēr | ĕgĕlĭ- | dōs ‖ rĕ- | fērt tĕ- | pōrēs.   C.

Le premier pied est généralement un spondée. On y admet quelquefois l'iambe ou le trochée (2). Ce vers est resté en grande vogue chez les Romains. Stace s'en est servi dans plusieurs *Silves*. Martial en a fait usage dans un grand nombre d'épigrammes.

La césure penthémimère est souvent remplacée par une césure après le dactyle, ou même après le premier trochée qui suit le dactyle :

> Jām cǣlī fŭrŏr | ǣquĭnōctĭālĭs.   **C.**
> Fŭr īstā rătĭōnĕ | dīcĕrērĭs.   **M.**

Martial s'est servi aussi d'un *phalécien à double base* dont le deuxième pied est un anapeste :

> Sātūr- | nĕ, tĭbī | Zōĭlŭs | ānnŭ- | lōs prī- | ōrēs.

7. L'*hendécasyllabe saphique* est un aristophanique, précédé d'une dipodie trochaïque :

$$\_\cup \mid \_\cup \mid \_ \‖ \cup\cup \mid \_\cup \mid \_\cup$$

> Lēnĭt | ālbĕs- | cēns ‖ ănĭ- | mōs că- | pĭllŭs.   H

Le deuxième pied est toujours un spondée chez Horace, qui place constamment aussi une césure après la cinquième syllabe. Dans le quatrième livre et le Chant séculaire, il substitue souvent à cette césure la césure féminine après la sixième syllabe. Il n'emploie

---

(1) La finale du 2e vers est élidée.
(2) Catulle (p. LV) remplace plusieurs fois le dactyle par un spondée
> Sī līn- | guăm claū- | sŏ tĕ- | nēs īn | ōrĕ.....

l'*hendécasyllabe saphique* que dans la strophe formée de trois de
ces vers, suivis d'un *adonique* :

Mōntĕ | dĕcūr- | rēns ‖ vĕlŭt | āmnĭs, | īmbrēs
Quĕm sŭ- | pĕr nō- | tās ‖ ălŭ- | ĕrĕ | rīpās
Fĕrvĕt | īmmēn- | sūsquĕ ‖ rŭ- | īt prŏ- | fūndō
Pīndărŭs | ōrĕ.

Dans la strophe saphique, le troisième vers est étroitement lié au
quatrième, comme le montrent les vers suivants :

Lābĭtūr rīpā, | Jŏvĕ nōn prŏbāntĕ, ū-
xŏrĭŭs āmnĭs.
Thrācĭō bācchāntĕ | măgĭs sŭb īntĕr-
lūnĭā vēntō.
Rōmŭlǣ gēntī | dătĕ rēmquĕ prōlēm*que*
Et dĕcŭs ōmnĕ.

La finale de ce dernier saphique est élidée.

Sénèque, suivant sa coutume, a brisé la strophe saphique, et fait
entrer ce vers dans diverses combinaisons.

8. L'*hendécasyllabe alcaïque* :

$$\bar{\smile}, \; -\smile \; | \; -- \; \| \; -\smile\smile \; | \; -\smile \; | \; \bar{\smile}$$

Ce vers diffère du saphique, en ce que le dernier
trochée est catalectique, et que le premier est précédé
d'une syllabe généralement longue, quelquefois brève,
anacruse (1).

Horace et les autres poètes latins placent toujours une césure
après la cinquième syllabe :

Vīr- tūs rĕ- | pūlsæ ‖ nēscĭă | sōrdĭ- | dæ.   II.
anacruse

Tandis que le saphique se distingue par sa douceur, l'alcaïque,
grâce à l'*anacruse* et à l'*arsis* finale, a de l'élan et de la vigueur.

La *strophe alcaïque* comprend deux hendécasyllabes
alcaïques, suivis d'un ennéasyllabe et d'un décasyllabe (2) (voir plus haut p. 58, 4° et p. 65, 5°) :

Fās- tīdĭ- | ōsām ‖ dĕsĕrĕ | cōpĭ- | am ĕt
Mō- lēm prŏ- | pīnquām ‖ nūbĭbŭs | ārdŭ- | ĭs.
Ōmīt- | tĕ mī- | rārī ‖ bĕā- | tæ
Fūmum ĕt ŏ- | pēs strĕpĭ- | tūmquĕ | Rōmǣ.   II.

Sénèque a employé la strophe alcaïque, mais il a fait entrer aussi
les vers qui la constituent dans d'autres combinaisons ; il a usé de
la même liberté envers les autres strophes d'Horace.

(1) V. § 15.
(2) L'ennéasyllabe n'est en réalité que la première partie de l'hendéca-
syllabe redoublée : $\bar{\smile},-\smile--[-\smile-\bar{\smile}]$; le décasyllabe n'est que la seconde
partie développée : $-\smile\smile[-\smile\smile|-\smile|\bar{\smile}]$.

§ 17. — VERS LOGAÉDIQUES COMPOSÉS.

Asclépiade, grand asclépiade, grand saphique, priapéen.

1° *Asclépiade.* Un phérécratien catalectique, suivi d'un aristophanique catalectique, constitue le vers asclépiade. Le premier pied est toujours un spondée ; la césure est de rigueur entre les deux parties du vers :

$$-- \smile \smile - \| - \smile \smile - \smile$$

Horace l'a employé seul (*strophe asclépiade I*) :

· Mǣcē- | nās ătă- | vīs || ēdĭtē | rēgĭ- | būs.   H. O, I, 1.

et dans les combinaisons suivantes :

1° Un glyconique et un asclépiade (*strophe asclépiade* II) :

Sīc tē dīvă pŏtēns Cўprī,
Sīc frātrēs Hĕlĕnǣ lūcĭdă sīdĕră....   H., O. I, 3.

2° Trois asclépiades et un glyconique (*str. asclépiade* III) :

Scrībĕrīs Vărĭō fŏrtīs ĕt hŏstĭūm
· Vīctŏr, Mǣŏnĭī cārmĭnīs ālĭtī,
Quăm rēm cūmquĕ fĕrōx nāvĭbŭs aūt ĕquīs
Mīlēs tē dŭcĕ gēssĕrīt.   H., O. I, 6.

3° Deux asclépiades, un phérécratien, un glyconique (*str. asclépiade* IV):

O nāvīs, rĕfĕrēnt īn mărĕ tē nŏvī
Flūctūs. O quĭd ăgīs? fŏrtĭtĕr ŏccŭpā
Pōrtūm. Nōnnĕ vĭdēs ŭt
Nūdūm rēmĭgĭō lătŭs.....
Horace, O. I, 14.

Sénèque a fait un très grand usage des asclépiades, employés seuls, ou combinés de différentes manières avec le saphique ou l'alcaïque.·

2° Le *grand asclépiade*, entre les éléments constitutifs de l'asclépiade, intercale un adonique également catalectique :

Tū nĕ quǣsĭĕrīs | scīrĕ nĕfās | quĕm mĭhī, quĕm tĭbī.....

Horace met une césure après le cinquième demi-pied et après le choriambe qui suit.

3° Le *grand saphique* est composé d'une tétrapodie catalectique où le dactyle occupe le troisième rang, comme dans le saphique mineur, et d'un aristophanique :

$$-\smile \mid -- \mid -\smile\smile \mid -- \parallel -\smile\smile-\smile\,\overline{\smile}$$

Horace le combine avec l'aristophanique :

Lȳdĭā dīc pĕr ōmnēs,
Tĕ dĕōs ōrō, Sȳbărĭn ‖ cūr prŏpĕrēs ămāndō......

4° Enfin, *le vers priapéen* est composé d'un glyconique, suivi d'un phérécratien ; les deux parties sont séparées par une césure. Catulle l'a employé :

$$-- \quad -\smile\smile \quad -\smile- \parallel -\smile \quad -\smile\smile \quad -\,\overline{\smile}$$

Quāre hīnc ō pŭĕrī, mŭlās ‖ ābstĭnētĕ răpīnās.
Vīcīnūs prŏpĕ dīvĕs ēst ‖ nēglĭgēnsquĕ Prĭāpŭs.

La base du phérécratien, servant de deuxième membre, est très rarement un spondée.

§ 18. — VERS ET STROPHES LYRIQUES DE CATULLE.

A. *Vers employés seuls* :

Trimètres purs 4; 29. (1)

archiloquiens 52.

hipponactiques 8; 22; 31; 37; 39; 44; 59; 60.

Octonaires iambiques catalectiques 25.
Galliambes 63.
Asclépiades majeurs 30.
Phaléciens (*hendécasyllabes*) 1-3 ; 5-7 ; 9; 10; 12-16; 18; 23; 24 ; 26-28; 32; 33; 35; 36; 38; 40-43; 45-50; 53-58.
Priapéens 17.

B. *Strophes.*

Trois glyconiques avec un phérécratien 34.
Quatre glyconiques avec un phérécratien 61.
Saphique 11 ; 51.

(1) Catulle. Ed. L. Muller. Les chiffres indiquent le numéro des pièces.

§ 19. — VERS ET STROPHES D'HORACE.

A. Vers employés seuls (1).

Iambiques trimètres, Epode 17.

Asclépiades, Odes I, 1 ; III, 30 ; IV, 8.

Grands asclépiades, Odes I, 11 ; 18 ; IV, 10.

Ionique mineur, Odes III, 12.

B. Strophes de deux vers.

Iambiques, trimètres et dimètres, Epodes 1-10.

Pythiambe (*hexamètre dactylique avec dimètre iambique*), Epodes 14 ; 15.

Pythiambe (*hexamètre dactylique avec trimètre iambique*), Epode 16.

Deuxième archiloquienne (*hexamètre dactylique et iambélégiaque*), Epode 13.

Troisième archiloquienne (*trimètre iambique et élégiambe*), Epode 11.

Première archiloquienne (*hexamètre dactylique, avec trimètre dactylique catalectique*), O. IV, 7.

Alcmanique (*hexamètre dactylique, avec tétramètre dactylique*), Epode 12. Od. 1, 7. 28.

Hipponactique (*dimètre trochaïque catalectique avec trimètre iambique catalectique*), O. II. 18.

Quatrième archiloquienne (*grand archiloquien avec trimètre iambique catalectique*), O. I, 4.

Deuxième strophe saphique (*aristophanique avec saphique majeur*), O. I. 8.

---

(1) La plupart des savants considèrent aujourd'hui toutes les odes d'Horace (non compris les Epodes), comme partagées en quatrains: les quatrains sont formés de quatre vers semblables (O, I, 1) ou de deux distiques répétés (O, I, 7) ou de vers différents, de deux ou trois espèces, groupés quatre par quatre. Une seule ode (IV, 8) ne se prête pas à cette division; mais elle est apocryphe ou altérée par des interpolations.

Deuxième asclépiade (*glyconique et asclépiade*), O. I,
3. 13. 19. 36; III, 9. 15. 19. 24. 25. 28; IV, 1. 3.

C. Strophes de quatre vers.

Troisième asclépiade (*trois asclépiades et un glyconique*),
O. I, 6. 15. 24. 33; II, 12; III, 10. 16; IV, 5. 12.

Quatrième asclépiade (*deux asclépiades, un phérécra-*
tien, un glyconique), O. I, 5. 14. 21. 23. III, 7. 13. IV, 13.

Saphique (*trois saphiques et un adonique*), O. I, 2. 10.
12. 20. 22. 25. 30. 32. 38. II, 2. 4. 6. 8. 10. 16. III, 8.
11. 14. 18. 20. 22. 27. IV, 2. 6. 11. C. S.

Alcaïque (*deux hendécasyllabes, un ennéasyllabe, un*
décasyllabe), O. I, 9. 16. 17. 26. 27. 29. 31. 34. 35. 37.
II, 1. 3. 5. 7. 9. 11. 13. 14. 15. 17. 19. 20. III, 1-6. 17.
21. 23. 26. 29. IV, 4. 9. 14. 15.

§ 20. — VERS ET STROPHES LYRIQUES DE STACE.

Phaléciens, Silves I, 6; II, 7; IV, 3 et 9.
Strophe saphique, Silves IV. 7.
Strophe alcaïque, Silves IV. 5.

EXERCICES DE MÉTRIQUE

VERS DACTYLIQUES

HEXAMÈTRES.

1. *Scander les vers suivants.* — *Indiquer les différentes sortes de césures et les élisions. Marquer l'accent tonique. Faire des remarques de prosodie sur les syllabes soulignées.*

Donner la quantité des dérivés : æquoreus, laborare, malignus. *Comment s'explique la quantité de l'e dans* ingenium, *de l'i dans* despicere ?

ÉLOGE DE LA PHILOSOPHIE.

Suave mări magno, turbantibus æquora ventis,
E terra magnum altĕrius spectare laborem ;
Non quia vexari quemquam est jūcunda vŏluptas,
Sed quibus ipse malis căreas, quia cernere suave est,
Suave etiam belli certamina magna tueri
Per campos instructa, tua sine parte pericli
Sed nil dulcius est, bĕne quam mūnita tenere
Edita doctrina sapientum templa serena ;
Despĭcere unde queas alios, passimque videre
Errare, atque viam pălantes quærere vitæ,
Certare ingenio, contendere nobilitate,
Noctes atque dies nīti præstante labore
Ad summas emergere opes rerumque potiri.

2. *Même exercice.*

Observations sur les deux fins de vers soulignées.
Comment s'explique la quantité de l'i dans coniger?
Donner les dérivés et composés de rego *avec leur quantité.*

THÉSÉE VAINQUEUR DU MINOTAURE.

Nam velut in summo quătientem bracchia Tauro
Quercum, aut cōnigeram sūdanti corpore pinum
Indŏmĭtus tur*bo* contorquens, *fl*amine robur
Eruit : illa prŏcul rădi*cibus* *exturbata*
Prōna cadit, la*teque* et cominus obvia frangens;
Sic dŏmĭto sævum pros*travit* corpore Theseus,
Nequicquam vănis jactantem cornua ventis.
Inde *pe*dem sospes multa cum lau*de* reflexit,
Errabunda rĕgens tenui vestigia filo,
Ne lăbyrin*theis* e flexibus *egredientem*
Tecti frustraretur inobservabilis error.

3. *Même exercice.*

SONGE DE POMPÉE AVANT LA BATAILLE DE PHARSALE.

At nox fēlicis Magno pars ultima vitæ
Sollicitos vana decepit imagine somnos.
Nam Pompeiani visus sibi sēde theatri
Innumeram effigiem romanæ cernere plebis,
Attollique suum lætis ad sīdera nomen
Vocibus, et plausu cŭneos certare sonantes.

4. *Séparer les vers suivants :*

SUITE DU MÊME SUJET.

Qualis erat *populi* facies clāmor*que* faventum, ŏlim
Quum jŭvenis primi*que* ætate triumphi, post domitas

gen*tes* quas torrens am*bit* Hiberus, et quæcumque fŭgax
Sertorius im*pul*it arma, vespere pacato, pura vĕnera*bi*lis
æque, quam cur*rus* ornante, tŏga, plaudente senatu,
sedit ad*huc* rōmanus *eques.* Seu fine bo*n*orum anxia
ven*tu*ris ad tempora læta re*fu*git ; sive per ambages
so*li*tas contrăria *vi*sis vā*tici*nata quies magni tulit ōm*i*na
planctus ; seu vetito patrias ul*tra* ti*bi* cernere sedes, sic
Romam Fortuna *d*edit. Ne rumpite somnos castrorum
vĭgiles, nullas tŭba verbĕret aures.

5. *Séparer les hexamètres suivants*

SUR LES DIGUES CONSTRUITES PAR LES HOLLANDAIS.

His sŭper *e*docti, longas mol*i*mine magno infixere
sŭdes pelago, tum immania saxa et simul effertæ præ-
grandia pondera terræ advolvere super, molemque sub
astra dedere. Vĭcīno Nerei cunctos, his artibus usi,
præclusere aditus circum, mirabile dictu, et docuere
vāgos vinclis assuescere fluctus. Ni faciant, magnasque
urbes camposque patentes quippe ferox tŭmidis involvat
fluctibus æquor. Haud aliter quondam Tēthyn dormisse
furentem fertur, et iratos fluctus vinxisse catenis innu-
mero circum stīpatus mīlite Xerxes.

DISTIQUES.

6. *Scander les distiques suivants :*
*Remarques sur les élisions et les fins de vers des penta-
mètres :*

DISCRÉTION DE CATULLE.

Si quidquam tacite commisum est fido ab amico
    Cujus sit pĕnitus nota fides animi ;
Me unum esse invenies illorum jure sacratum,
    Cornēli, et factum me esse puta Harpocratem.

5

7. *Même exercice.*

Faire remarquer les différences de versification entre cette pièce et la précédente.

PRIÈRE A PHÉBUS.

Phœbe, fave, novus ingreditur tua templa sacerdos:
    Huc age cum cĭthăra carminibusque ve*ni*,
Nunc te vocales impellere pollice chordas,
    Nunc precor ad laudis flectere verba modos.
Ipse triumphali *de*vinctus tempora lauro,
    Dum cumulant aras, ad tua sacra veni.
Sed nĭtidus pulcherque veni ; nunc indue vestem
    *Se*positam : longas nunc bene pecte comas :
Qualem te memorant, Saturno *rege* fugato,
    Vic*tori* laudes concinuisse Jovi.

8. *Séparer les hexamètres et les pentamètres.*

ÉPIGRAMMES.

Nil recĭtas et vis, Mămerce, poeta videri. Quidquid vis esto, dummodo nil recites.

Scrībere me quĕreris, Velox, ĕpigrammata longa. Ipse nihil scribis : tu brĕviora facis.

Quid mihi reddat ager quæris, Lĭne, Nōmentānus. Hoc mihi reddit ager : te, Line, non video.

9. *Même exercice.*

FÉLICITATIONS ADRESSÉES A L'ACADÉMICIEN CHARPENTIER QUI A DEMANDÉ L'EMPLOI DE LA LANGUE FRANÇAISE POUR UNE INSCRIPTION TRIOMPHALE.

Sēquănides călăthis Nymphæ date lilia plenis, vestros qui tĭtŭlos asserat ultor adest. Vestra per hunc jam lingua suos agnoscit honores; jam nihil in Latio, quo superetur, erit.

10. *Retourner les distiques suivants :*

SUITE DU MÊME SUJET.

Verbis nŭmĕros dat, magnis rebus dat pondera ;
  Ecquis erit nunc pŭdor loqui ore patrio ?
Jam non incerta, gaudet præscribere leges suas
  Quas ratio, quas constansque usus prŏbat.
Quippe videas voces usu longo splendescere,
  Verbaque deterso sïtu nitere pura.

11. *Mettre des épithètes aux places marquées par des points, remplacer les mots soulignés par des synonymes.*

SUITE DU MÊME SUJET.

Ambitiosa etiam..... ornamenta loquelæ
                 ép.
  Dedidicit,..... simplicitatis *avida.*
Non illam *juvant* fallentum ludicra *verborum;*
                    ép.
  Nec salibus,..... nec caret illa jocis.
  ép
..... Comites et lucidus ordo nitorque
                        ép.
  Et decus et gravitas,.... ubique lepos
Nil *auxilii* externi, Latii nil *indigens* cultus,
   ép.   *ép.*
  ..... fundo..... promit opes.
Paulatim Ausoniæ sic crevit *laus* linguæ,
  Cum leges nondum juraque Roma *imponeret.*
Ast ubi se dominam *intellexit*, rerumque potentem,
  Graiorum excussit libera facta *dominationem.*
Solane tot titulis, tot Gallia *insignis* triumphis
  Linguæ sïleat pauper *et* ĕgens suæ?

12. *Retourner les distiques suivants :*

MILTON A LONDRES AU SORTIR DE L'UNIVERSITÉ
DE CAMBRIDGE.

Jam nec Cāmum mihi cūra revisere arundiferum,
    Nec amor laris dudum vetiti me angit ;
Nec placent arva nūda, mollesque umbras negantia ;
    Quam male locus ille convenit Phœbicŏlis !
Nec duri magistri mĭnas usque perferre lĭbet,
    Ceteraque non subeunda ingenio meo.
Me tenet urbs quam unda reflua alluit Tāmĕsis,
    Meque dulcis patria habet nec invitum.
Si hoc exsĭlium est patrios penates adiisse,
    Et sequi vacuum curis otia grata,
Non ego recuso vel nomen profugi sortemve,
    Et lætus fruor condicione exsilii.

13. *Mettre des épithètes aux places marquées par des points, remplacer par des synonymes les mots soulignés.*

MÊME SUJET.

ép.   ép.
Tempora nam licet hic... dare... musis
    Et totum răpiunt me....   libri (apposition).

                     ép.
Excipit hinc fessum..... pompa theatri
    Et vocat ad plausus scena..... suos.

         ép.   ép.
Seu..... auditur senior, seu..... hĕres
    Seu prŏcus, aut *relicta* casside miles adest;

             ép.
Sive..... fēcundus lite *causidicus*

                    ép.
    Detonat..... barbaras *voces* foro;

ép.
Sive cruentatum..... Tragœdia quassat
   Sceptrum et diffusis *capillis* ora rotat;

Et doleo et specto, *delectat* et spectasse dolendo,
                  ép.
   Interdum et lacrimis..... amăror *continetur*.

Sed neque sub tecto *perpetuo* neque in *mœnibus* lătemus
   Irrĭta nec nobis tempora veris *transeunt*.

Nos quoque *silva* habet vicina *frequens* ulmo,
                ép.
   Atque suburbani..... umbra loci (1).

VERS IAMBIQUES

14. *Scander les vers suivants. Indiquer les césures.— Remarques de prosodie sur les syllabes soulignées.*

DÉDICACE D'UN VAISSEAU.

Phasēlus ille, quem videtis, hosp*ites*,
Ait fuisse nāvium cĕler*rimus*,
Neque ull*ius* nătantis impĕtum *trabis*
*Nequ*isse præterire, sive palm*ulis*
Opus *foret* vŏlare, sive linteo.
Et hoc negat mĭnacis Adriătici
Negare lītus, insulasve Cycladas
Rhŏdumve nōbilem horr*idamve* Thraciam.
Amastri Pontica et Cytōre bux*ifer*,
Tibi hæc fuisse et esse cognitissima
Ait Phaselus : ultima ex ŏri*gine*
Tuo *ste*tisse dicit in cacūmine,
Tuo imbuisse palmulas in *æquore*
Et inde tot per im*po*tentia freta
Herum tulisse : læva, sive dextera

---

(1) Nous croyons inutile de multiplier les modèles d'exercices sur l'hexamètre et le pentamètre, si longtemps pratiqués dans nos classes.

Vocaret aura, sive utrumque Jupiter
Sïmul secundus incïdisset in *pedem* ;
Neque ulla vota litoralibus Diis
Sibi esse facta, quum veniret a mari
Nŏvissimo hunc ad usque limpidum lacum.
Sed hæc prius fuere ; nunc *recondita*
Senet quiete, seque dedicat tibi,
Gëmelle Castor, et gëmelle Castoris.

15. *Désigner les trimètres iambiques purs dans la dixième Epode d'Horace :*

« Beatus ille qui procul negotiis... »

16. *Scander les vers suivants. Indiquer les césures et les substitutions de pieds.* — *Remarques de prosodie sur les syllabes soulignées.*

HÉSITATIONS DE MÉDÉE AVANT DE FRAPPER SES ENFANTS.

Cor *pepu*lit horror, membra torpescunt gëlu,
Pectusque trëmuit ; ira discessit loco,
Materque tota con*juge* expulsa redit.
Egone ut meorum liberum ac prolis meæ
Fundam cruorem ? melius, ah *demens* furor !
Inco*gni*tum istud facïnus ac dïrum nefas
A me quoque absit : quod scëlus miseri luent ?
Scelus est Iāson geni*tor*, est majus scelus
Medēa mater — occïdant, non sunt mei —
Pereant ? mei sunt, crïmine et culpa carent.
Sunt innŏcentes, fateor : et frater fuit.
Quid, anime, tïtübas ? ora quid läcrïmæ rigant,
Variamque nunc huc ira, nunc illuc amor
Diducit, anceps *æstus* incertam rapit ?

Même exercice.

17. *Indiquer les vers où le mètre iambique est le plus altéré.* — *Remarques de prosodie sur les syllabes soulignées.*

LE PILOTE ET LES MATELOTS.

Quum de fortunis quidam quĕreretur suis,
Æsopus finxit consōlandi grătia :
Vexata sævis nāvis tempes*tatibus,
Inter vectorum lacrimas et mortis metum,
Faciem ad serēnam subito mutat ut *dies*,
Ferri sĕcundis tuta cœpit flatibus,
Nĭmiaque nautas hĭlăritate extollere.
Factus periclo tum gŭbernator sophus :
« Par*ce* gau*dere* oportet et sensim queri,
Totam quia vitam miscet dolor et gaudium. »

18. *Scander et nommer les iambiques suivants.* — *Indiquer les césures.*

Vulcanus ardens urit officinas.
Jam te premet nox fabulæque mānes.
Novæque pergunt interire lūnæ.

19. *Scander et nommer les vers suivants.* — *Remarques de prosodie sur les syllabes soulignées.*

SOUVENIR DU PAYS NATAL.

Vir celtibĕris non tacende gentibus,
    Nostræque laus Hispăniæ,
Videbis altam, Lĭcĭniăne, Bilbĭlim,
    Aquis et armis no*bi*lem.
Æstus serenos aureo franges.Tăgo,

Obscūrus umbris arborum.
At cum Dĕcember'canus et bruma impotens
    Aquilone rauco mūgiet,
Aprica repetes Tarrăcōnis litora,
    Tuamque Lălĕtăniam.
Ibi illĭgatas mollibus dămas *plag*is
    Mactabis et vernas apros :
Vicīna in ipsum silva descendet focum,
    Infante cinctum sordĭdo.
Vocabitur venator, et veniet tibi
    Conviva clamatus prope.

20. *Scander et nommer les vers suivants :*

FUREUR DE MÉDÉE.

Quonam cruenta Mænas
Præceps amore sævo
Rapitur ? quod impotenti
Facinus parat furore?

Vultus citatus ira
Riget, et caput feroci
Quatiens sŭperba motu
Regi mĭnatur ultro.
Quis credat exsulem ?

Flagrant gĕnæ rubentes,
Pallor fŭgat rŭborem :
Nullum vägante forma
Servat diu cölorem.

Frenare nescit iras
Medea, non amores.
Nunc ira amorque causam
Junxere : quid sequetur?

Quando efferet pelasgis
Nefanda Colchis arvis
Gressum, mĕtuque solvet
Regnum simulque reges ?

Nunc, Phœbe, mitte currus
Nullo mŏrante loro.
Nox condat alma lucem,
Mergat diem tĭmendum
Dux noctis Hesperus.

21. *Scander et nommer les vers suivants :*

A LA PRESQU'ILE DE SIRMIO.

Pæninsularum, Sirmio, insularumque
Ocelle, quascumque in liquentibus stagnis
Marique vasto fert uterque Neptùnus ;
Quam te lĭbenter, quamque lætus invĭso !
O quid sŏlutis est beatius curis,
Cum mens ŏnus reponit, ac peregrino
Labore fessi venimus ad larem nostrum,
Desĭdĕratoque acquiescimus lecto !

22. *Séparer les trimètres suivants :*

ANTIGONE DÉCLARE A SON PÈRE QU'ELLE NE SE SÉPARERA JAMAIS DE LUI.

Vis nulla, genitor, a tuo nostram manum corpore re-
solvet, nemo me cŏmitem tibi (2 vers)

Eripiet unquam. Labdăci clăram domum, opulenta
ferro regna germani petant. Pars summa magni patris
e regno mea est (3 vers)

Pater ipse. Non hunc auferet fräter mihi, thebana rapto sceptra qui regno tenet, non hunc cätervas alter argolicas agens. Non, si revulso Jupiter mundo tönet, mediumque nostros fulmen in nexus cadat (ŏ vers),

Manum hanc remittam. Prohibeas, genitor, licet : regam abnuentem, dirigam inviti gradum. In pläna tendis? vädo. Prærupta appetis? Non obsto, sed præcedo. Quovis utere duce me. Duobus omnis eligitur via. Perire sine me non potes, mecum potes. Hic alta rupes arduo surgit jugo, spectatque longe spätia subject, maris. Vis hanc petamus? Hinc rapax torrens caditi partesque lapsi montis exesas rötat; in hunc ruamus! Dum prior, quo vis eo. Non deprěcor, non hortor. Extingui cupis, votumque, genitor, maximum mors est tibi? Si moreris, antecědo ; si vīvis, sequor (14 vers).

23. *Séparer les trimètres et les dimètres qui composent les strophes suivantes :*

LE PARVENU INSOLENT.

Licet sŭperbus ambules pecūnia, fortuna non mutat genus. (1 strophe).

Videsne, sacram mětiente te viam cum bis trium ulnarum töga, ut ora vertat huc et huc euntium liberrima indignatio? (2 strophes).

24. *Même exercice.*

HYMNE A LA PAIX.

Pax alma, dulce ubique nōmen gentibus, inter Deos pulcherrima pulcherrimos, quam me tui expectatio torquet mörantis ah nimis! Tu gräta musis, tu föro

versantibus places, et urbi præsides. Te divites, te
ubique pauperum greges laboriosi prædicant. Per te
quiescent furta, cædes, vulnera, strages, ruinæ, incen-
dia, nec audietur amplius clangor tŭbæ viros cientis
ad nĕcem. Quæ plēraque viri si viderent principes,
cum bella inĭtio cogitant, aut abstinerent aut quibus-
vis ponerent mox cœpta condicionibus.

25. *Retourner les trimètres iambiques purs suivants :*

LE PROFESSEUR POÈTE A UN AMI.

Iambe venuste, qui ambulas pede mĕro,
Lares mei Attĭci statim te adire,
Et, si ille călente in toro cessat,
Proferas verba velim bene auspĭcata :
Rĕmunde, diem nuntiat tibi bonam
Poeta qui dicitur esse biformis.
Scilicet fuit niger veste fluente,
Et continens insŏlente manu sceptra;
Hæc sed fuere. Nunc bonus et beatus
Prope ignem calet, et dividit ōtiosa
Tempora sēriisque jŏcisque sĕdens.

26. *Retourner les trimètres suivants:*

LA FLATTERIE PUNIE.

Phĭlippis tŭmens, atque ēbrius fortuna,
Græciæ urbes lustrabat Antonius,
Si quo loco lăteret victa libertas
Sollicitus. Ubi videt nil non metu fractum
Patiensque freni, mĭnas exuit vultu
Et ad lascīviam a cædis fŭrore
Moresque suos redit sponte naturæ.

Non jam Hercŭles auctor gentis vetustæ
Jactatus excitat illum ad grandia facta.
Sed jŭvat æmulari patrem Liberum.
Hunc miratur unice : corporis habitu
Gestit referre. Se dicere Liberum,
Liberum suis statuis inscrĭbi gaudet.
Ergo illi civitas omnis, pedem quoquo
Tulisset, obviam ibat, mĕro et ture
Felix et dexter deus adesset, oratum.
Pars manu quatiebant thyrsum ante currus,
Io Bacche ! canentes gutture rauco ;
Pars succincta caput hĕdĕra pampinisque
Dabant motus petulcos more satyrorum.
Atque ista adŭlatio multis profuit
Et avertit manus rapaces victoris.
Athēnienses vero, dum modum excedunt
Serviliusque captant grātiam domini,
Ultimam clădem suis rebus attuler².

27. *Remplacer les mots soulignés par des synonymes;
mettre des épithètes aux places marquées par des points.
(Iambiques trim.ètres.)*

ép.
Ingresso in urbem populus occurrit.....
Interque plausus chŏros*que* bacchantium
ép.
Illum ad..... templum dūcunt Palladis.
Tunc et sēnatus præses implexam *præbens*
Hĕdĕris olivam : « Pignus, *ait,* hoc tibi,
Et quæ *aspernata est* virgo Martis nuptias,
Baccho his *conjugem* se dĭcat sponsalibus.»
Sensit artes græculorum Antonius
Seque irrideri *intellexit.* Utque ira et pŭdor
Jocorum **non** rŭdi ingenium auxerant

« Quis ait..... Palladis non *optet*
ép.
Conjugia? Do vicissim et accepto fidem.
Nunc mille vos talenta dotis *loco*
Date : Quanquam *natæ* id părŭm est Jovis,
Plus non *petet* nostra tamen *bonitas.* »

28. *Retourner les dimètres iambiques suivants :*

A UN COPISTE TRÈS PROMPT A TRANSCRIRE.

> Præpetum notarum, puer,
> Minister sollers, advŏla,
> Bipătens pŭgillar expedi.
> Tam velox mihi sentire
> Dedisset mens mea vellem,
> Quam fuga præpĕtis dextræ
> Tu me prævenis lŏquentem.
> Quis, quæso, quis prodidit me ?
> Quis jam tibi dixit ista,
> Quæ dicere cogitabam ?
> Quæ in intimo corde furta
> Ales dextera exercet ?
> Quis tam novus rerum ordo,
> Ut in aures tuas veniat
> Quod nondum lingua absolverit ?
> Non hæc præstitit doctrina ;
> Munus hoc tibi natura
> Donumque Deus tradidit,
> Ut prius scires quæ loquerer,
> Quodque volo idem velles.

29. *Séparer les trimètres suivants, et substituer des synonymes aux mots soulignés.*

CRÉSUS SUR LE BUCHER.

Jam *ignis* totum se per ambitum dabat, volvens in altum *fumantes* æstu globos.

At pæne sero Crœsus *magno* sono : « O *verax* vates, inquit, o Solon, Solon ! » Clamore *ingenti* ter Solonem nuncupat.

Qua voce Cyrus *commotus*, extingui jubet gyrum per omnem, et destrui *flagrantem* pyram ; et commode profusa *pluvia* nubibus.

Repressit *flammam*. Crœsus ad regem illico *ductus* lectam per ministrorum manum, interrogatus quem Solonem diceret, et quam ciendi causam haberet nominis, ordinem per omnem cuncta regi edisserit.

Miseratur ille, vimque fortunæ *cernens*, laudat Solonem : Crœsum in amicis habet, vinctumque pedicis aureis secum jubet reliquum quod esset vitæ totum *agere*.

30. *Séparer les scazons suivants :*

DÉDICACE.

Apollinarem conveni meum, scāzon, et, si văcabit, ne molestus accedas, hoc qualecumque, cujus aliqua pars ipse est. (3 vers.)

Dabis : hoc facētum carmen imbuant aures ! Si te receptum fronte videris tota, noto rogabis ut favore sustentet. Quanto mearum, scis, amore nūgarum flagret; nec ipse plus amare te possum. Contra malignos esse si cŭpis tutus, Apollinarem conveni meum, scazon. (7 vers.)

31. *Retourner les scazons suivants :*

LE PARASITE MALHEUREUX.

Rūfe, quod Sēlĭum vides fronte nubila,
Quod tĕrit porticum serus ambulator,

Quod vultus piger tacet quiddam lugubre,
Quod nasus indecens pæne tangit terram.
Quod pulsat pectus et vellit comam dextra,
Non luget ille fata amici aut fratris.
Vivit natus uterque, et precor vivat :
Et uxor est salva servique sarcïnæque :
Decoxit nihil colonus villicusque.
Quæ causa igitur mæroris? —Cœnat domi.

VERS TROCHAIQUES ET VERS ANAPESTIQUES.

32. Nommer et scander les vers suivants, marquer les cé-
sures principales, et indiquer quels pieds sont substitués aux
trochées.

INVOCATION DE MÉDÉE.

Comprĕcor vulgus sïlentum, vosque fĕrales deos,
Et chaos cæcum atque ŏpăcam Ditis umbrosi dŏmum,
Tartări rīpis lïgatos squălidæ mortis spĕcus,
Supplicis, animæ, remissis currite ad thălămos nŏvos.
Rŏta resistat membra torquens, tangat Ixīon hŭmum.
Tantălus securus undas hauriat Pirēnïdas.
Vos quoque, urnis quas fŏratis irritus lūdit lăbor,
Dănaïdes, coite ; vestras hic dies quærit mănus.
Grăvior uni pœna sĕdeat conjugis sŏcero mei :
Lubrïcus per saxa retro Sisyphum volvat lapis.
Nunc meis vocata sacris, noctium sīdus, veni,
Pessimos induta vultus, fronte non una mïnax.

33. Nommer et scander les trois espèces de vers renfermés
dans le morceau suivant :

L'ORACLE D'ŒDIPE.

CRÉON.

Sit prĕcor dixisse tūtum visu et auditu horrida.
Torpor insedit per artus, frigidus sanguis coit.

Ut sacrata templa Phœbi supplici intravi pede,
Et pias, nŭmen prĕcatus, rīte submisi manus,
Gĕmīna Parnassi nīvalis arx trucem frĕmitum dedit,
Imminens phœbea laurus tremuit et movit dŏmum,
Ac rĕpente sancta fontis lympha castălii stetit.
Incĭpit lētŏa vătes spargere horrentes cŏmas
Et păti commota Phœbum. Contigit nondum spĕcum,
Emĭcat vasto frăgore major hūmano sŏnus :
« Mītia cadmēis remeabunt sīdera Thebis,
»Si prŏfŭgus Dircen Ismēnida liqueris hospes,
»Regis cæde nŏcens, Phœbo jam notus et infans.
»Nec tibi longa mănent scĕlĕratæ gaudia cædis :
»Tecum bella gĕres, natis quoque bella relinques. »

ŒDIPE.

Quod facere monitu cælitum jussus paro,
Functi cineribus regis hoc decuit dari,
Ne sancta quisquam sceptra violaret dolo.
Regi tuenda maxime regum est salus.

34. *Scander et nommer les vers suivants :*

O funestus multis populi
  Dirusque favor,
Qui cum flatu vela secundo
Ratis implevit vexitque procul,
  Languidus idem
Deserit alto sævoque mari.
Flevit Gracchos miseranda parens,
  Perdidit ingens
Quos plebis amor nimiusque favor,
  Genere illustres,
Pietate, fide, lingua claros,
Pectore fortes, legibus acres.

Bene paupertas humili tecto
   Contenta latet:
Quatiunt altas sæpe procellæ,
Atque evertit fortuna domos.

VERS LOGAÉDIQUES SIMPLES.

PHÉRÉCRATIENS, GLYCONIQUES, HENDÉCASYLLABES PHALÉCIENS

35. *Nommer et scander les vers suivants*

> Vērum est, quod cecinit săcer
> Thressæ sub Rhŏdŏpes jŭgis
> Aptans pīĕriam chĕlyn
> Orpheus, Calliopæ gĕnus,
> Æternum fieri nihil.

> Illius stetit ad mŏdos
> Torrentis răpidi frăgor,
> Oblitusque sĕqui fŭgam
> Amisit līquor impĕtum.
> Advexit volucrem nĕmus,
> Aut si qua aera pervolat.
> Auditis văga cantibus
> Ales deficiens cădit.

> Et quercum fugiens suam
> Ad vătem prŏpĕrat Dryas ;
> Ad cantus veniunt tuos
> Ipsis cum lătebris fĕræ.

36. *Nommer et scander les vers suivants :*

> Prodeas, nova nupta, si
> Jam videtur, et audias

Nostra verba. Vide ut faces
Aureas quătiunt cŏmas :
Prodeas, nova nupta.

37. *Nommer et scander les vers suivants :*

Lūgete, o Vĕneres Cūpīdinesque,
Et quantum est hominum venustiorum.
Passer mortuus est meæ puellæ,
Quem plus illa ŏcŭlis suis ămabat :
Nam mellitus erat, suamque norat
Ipsa tam bĕne quam puella matrem,
Nec sese a grĕmio illius mŏvebat ;
Sed circumsĭliens mŏdo huc modo illuc
Ad sŏlam dŏmĭnam usque pipiabat.
Qui nunc it per ĭter tĕnebricosum
Illuc, unde nĕgant redire quemquam.
At vobis măle sit, malæ tenebræ
Orci, quæ omnia beila devŏratis :
Tam bellum mihi passerem abstulistis.
O factum male ! io miselle passer !
Tua nunc ŏpĕra meæ puellæ
Flendo turgĭduli rŭbent ocelli.

38. *Retourner les vers suivants :* (*hendécasyllabes phalé-ciens*).

DE BONO POETA.

Illum, Chærĭle, poetam amo et prŏbo,
Qui nĭtidus pūra locutione
Et gravis sensu, et profundus ore,
Æquus, compositus, sibi cohærens,
Consĭmilis sui, suique compos,

Splendescat mihi luce non maligna.
Nolo nĭmis glŏriola tŭmentem,
Nolo poetam qui se amet nimium;
Qui se ipse venditet prædicetque,
Et se poetis omnibus præferat;
Qui ostiatim suffrăgia supplice
Lingua, et multiplici salute ambiat ;
Qui pŏtentiorum tecta obsĭdeat
Et nummo expĕtito insĭdietur ;
Qui lücelli desĭdĕrio impotens,
Et lĕvis fāmæ appetens, lăboris
Non sui præmia captet, et sŭperbus
Pennis non suis compĭta oberrct.

39. *Même exercice:*

DE BONO POETA (suite).

Illum, Chærile, poetam non ămo,
Et faciem oblĭtum dŏloso füco,
Et buccas tumidum fastu insŏlente ;
Qui nunc se räpido nīsu sub astra
Lĕvat sublimem, et modo jäcentes
Per terras expedire tentat iter ;
Qui nunc floridulus, pŏlitiorque
Chäritum fragrantes per hortos ambŭlat,
Et nunc horrĭdus ac musa gĕmente,
In silvestribus veprētis hæsitat;
Qui nunc cädente lympha limpidior
Mollibus ripis gaudet assĭlire ;
Et nunc turbidus atque fœculentus
Pigra pälude desĭdior torpet :
Illum non amo, Chærile, poetam.

40. *Retourner les vers suivants:*

Si statim sex sestertia dedisses,
Cum mihi dixti : « Sume, tolle, dono, »
Tibi, Pæte, deberem pro ducentis.
At nunc cum moratus diu dederis
Puto post septem, vel novem Kalendas,
Vis tibi veris veriora dicam?
Sestertia, Pæte, sex perdidisti.

41. *Remplacer par des synonymes, qui fassent le vers, les mots soulignés (phaléciens) ;*

IN PESSIMOS CONJUGES

Cum sitis similes, paresque *moribus,*
Uxor pessima, pessimus *conjux,*
Miror, non *optime* convenire vobis.

42. *Mettre des épithètes aux places marquées, et remplacer les mots soulignés par des synonymes (phaléciens) :*

Cui tradas, Lŭpe, *natum* magistro,
ép. au sujet.
Quæris....... diu rogasque.
ép. à grammaticos.
.... Grammaticosque rhetorasque
Devites, *hortor*: nihil sit illi
Cum *operibus* Ciceronis aut Maronis ;
Famæ Tūtĭlium suæ *linquat.*
Si versus facit, abdices poetam.
Artes discere vult pecuniosas?
Fac discat citharædus aut choraules.
Si duri *filius* ingeni videtur,
Præconem facias vel architectum.

VERS ET STROPHES SAPHIQUES.

43. *Scander les vers suivants, en marquant les césures.*

AD HERCULEM.

Quantus incēdit pŏpulus per urbes
Ad nŏvi lūdos ăvidus thĕatri :
Quălis ēleum ruit ad tonantem,
Quinta cum sacrum revocavit æstas:
Quanta, cum longæ redit hōra noctis,
Crescere et somnos cŭpiens quietos
Libra phœbeos tĕnet æqua currus,
Turba secretam Cererem frequentat,
Et citi tectis properant relictis
Attici noctem celebrare mystæ:

Tanta per campos ăgitur sĭlentes
Turba. Pars tarda grăditur sĕnecta,
Pars adhuc currit melioris ævi,
Virgines nondum thălămis jŭgatæ,
Et cŏmis nondum positis ĕphēbi,
Matris et nōmen modo doctus infans.

44. *Scander les strophes suivantes, et nommer les vers qui les composent.*

Immĭnens villæ tua pīnus esto,
Quam per exactos ego lætus annos
Verris oblīquum mĕditantis ictum
　　　Sanguine donem.

Otium, Cătulle, tibi molestum est:
Otio exultas nimiumque gestis.

Otium et reges prius et beatas
Perdidit urbes.

Obs. En quoi le premier vers de cette dernière 'strophe diffère-
t-il de tous les vers saphiques d'Horace?

45. *Séparer les vers des strophes suivantes et les scander*.

Nulla vis flammæ tŭmidive venti tanta nec tēli mĕ-
tuenda torti, quanta cum conjux vĭduata tædis ardet et
ōdit;

Non ubi hibernos nĕbŭlosus imbres Auster advexit,
prŏperatque torrens Hister, et junctos vĕtat esse pontes
ac văgus errat.

Non ubi impellit Rhŏdănus prŏfundum, aut ubi in
rīvos nivibus sŏlutis sole jam forti mĕdioque vere ta-
buit Hæmus.

Cæcus est ignis stĭmŭlatus īra nec rĕgi cūrat pătī-
turve frēnos, haud tĭmet mortem, eŭpit ire in ipsos
obvius enses.

46. *Retourner les vers suivants :*

AD CAROLUM PERERIUM POETAM.

Non vides quanto frĕquentes pŏpŭli,
Docte Pērēri, plausu sonuere,
Simul dulces aureo impulisti
Pectine nervos ?

Audit, et mĕdĭtata secum Clio
Auditum carmen stŭdiosa reddit;
Circum tremuere arduæ summo
Vertice laurus;

Umbrosis recŭbans vĭretis reddit

Seu qui tĕnet arva ultimæ Calpes,
Sive qui văga fàbulosi pŏtat
    Flumina Gangis.

47. *Ajouter des épithètes aux substantifs soulignés et les*
mettre aux places marquées par des points.

SUITE DU MÊME SUJET.

Te decet..... levium *susurros*
Virginum..... celebrare *cantu,*
Te decet *Faunos* numeris.....
    Dicere parvis.

Mox tibi versu procul audiendo
Maximus rerum Ludovix canetur,
..... quandoque ruens Iberum
    Contudit *armis*

Vana jactantem : simul ut.....
Laurea victor caput impedivit,
Dexteram mox et decorabit.....
    Termes *olivæ.*

48. *Remplacer les mots en italiques par des synonymes.*

AD NICOLAUM HEINSIUM

  Poeta inter aulæ tumultus patriæ desiderio tenetur.
Ergone æternis *jactemur,* Heinsi,
Fluctibus rerum, *incertæque fortunæ*
Aura nos semper *perfida* cæco
    Turbine verset ?

Jam satis longos *toleramus* tumultus,
Jam decem *Sol* reparavit annos,

Vana me postquam patria *privatum*
     Tenet aula.

O ubi *olim* mihi nota *juventus*,
Atque *fessæ* juvenum choreis
Olěnæ Nymphæ, levibusque rura
     Nota Nymphis !

Illa vitales mihi lucis auras
Præbuit *terra*, eadem *tumulo*
Ossa componens cineri *extremos*
     Reddat honores !

49. *Reconstruire deux strophes saphiques avec les phrases suivantes :*

MÊME SUJET.

Illa mihi præ cunctis ridet ora; his ripis lentus jacuisse amem, floreos inter odores beati ruris recubans.

Hinc meo capiti corollas nectam : non quavis valle decerpti mihi flores placuere, neque omni lectus cespite ramus.

VERS ET STROPHES ALCAÏQUES.

50. *Scander les vers suivants en marquant les césures.*

Justum et těnacem propŏsiti virum,
Non civium ardor prāva jūbentium,
Non vultus instantis tyranni
Mente quătit sŏlida, neque Auster,

Dux inquieti turbidus Hadriæ,
Nec fulmīnantis magna mănus Jovis;

Si fractus illābatur orbis,
Impăvidum fĕrient ruīnæ.

51. *Scander les vers suivants :*

Dulce et dĕcōrum est pro patria mŏri.
Mors et fügacem persĕquitur virum,
Nec parcit imbellis jŭventæ
Poplitibus tĭmidoque tergo.

Virtus repulsæ nescia sordidæ
Intāminatis fulget hŏnoribus,
Nec sūmit aut ponit sĕcūres
Arbitrio pŏpŭlaris auræ.

Virtus, reclūdens immĕritis mŏri
Cælum, nĕgata tentat ĭter via,
Cœtusque vulgares et ūdam
Spernit hŭmum fŭgiente penna.

52. *Séparer et scander les vers des strophes alcaïques
suivantes :*

LE POÈTE ENNEMI DE L'IMPROVISATION

Nūgas sŏnantes, splendida somnia, adblandientes
auribus et mŏdos, cēdamus insulsis poētis quos recreat
sine mente carmen. At nos sĕvēri docta laboribus cū-
denda longis carmina scrībimus. Redduntur incudi
impŏlita, atque novis recŏquenda fiammis.

53. *Retourner les vers suivants :*

SUITE DU MÊME SUJET.

Ire Olympo celso non datur alia
Via ; quid urges ? imprŏbos ibimus

6

Per labores, quo portat fama ;
Quo ĭter fecit sibi, pŏtenti

Qui mănu tenet sceptra sacra vătum
Princepsque lyræ, ?omŭlei arbĭter
Auctorque sermonis, lătinis
Unde dĕcus omne venit Musis.

54. *Mettre des épithètes aux places marquées par des points. Remplacer par des synonymes les mots soulignés.*

SUITE DU MÊME SUJET.

Ne *tentantem* magna supercĭli
ép. à supercili.
    .... poetam coge molestior ;
Non *imperia* nec leges capessit
Nescia mea musa flecti.

Prudens *venturi*, cuique dedit suum
                      ép. à autumnus.
Natura tempus : vina.....
Autumnus, et *tributum* anni
        ép. à æstas.
Dat *messes*..... semper æstas.

55. *Refaire la strophe suivante.*

Vatibus sacratis non id accidit. Magnis cœptis non ponimus certa tempora. Nos omnes supremis arbĭtriis regit unus Apollo.

VERS LOGAÉDIQUES COMPOSÉS.

ASCLÉPIADES, GRANDS ASCLÉPIADES, PRIAPÉENS

56. *Nommer et scander les vers suivants :*

EURYDICE.

Quæ silvas et ăves saxaque traxerat
Ars, quæ præbuerat flŭminibus moras,
Ad cujus sonitum constiterant fĕræ,
Mulcet non solitis vocibus inferos,
Et surdis resŏnat clārius in lŏcis.
Deflent Eurydĭcen Tænariæ nŭrus :
Deflent et lăcrĭmis diffĭcĭlos dei,
Et qui fronte nĭmis crimina tetrica
Quærunt, ac vĕteres excŭtiunt reos,
Flentes Eurydicen juridici sĕdent.
    Tandem mortis ait « Vincimur » arbĭter :
« Evāde ad sŭpĕros, lege tămen data :
Tu post tergă tui perge viri cŏmes ;
Tu non ante tuam respĭce conjugem,
Quam cum clāra deos obtulerit dies
Spartanique aderit jānua Tænari. »
Odit vĕrus ămor nec pătitur mŏras.
Mŭnus dum prŏpĕrat cernere, perdidit.

57. *Nommer et scander les vers suivants :*

I

Nullam, Văre, sacra vite prius severis arborem
Circa mīte sŏlum Tiburis et mœnia Cătĭli ;
Siccis omnia nam dūra deus proposuit, neque
Mordaces aliter diffugiunt sollĭcĭtŭdines.

Quis post vīna grăvem mīlĭtiam aut paupĕriem crĕpat ?
Quis non te pŏtius, Bacche pater, teque, dĕcens Vĕnus ?

II

Hujus nam dŏmĭni cŏlunt me, deumque sălŭtant,
Pauperis tŭgŭri pater filiusque ădŏlescens,
Alter assidua căvens dilĭgentia, ut herbæ
Vepresque aut rŭbus a meo sint remota săcello ;
Alter parva manu ferens sæpe mŭnera larga.
Florido mihi ponitur picta vere cŏrolla
Prīmĭtus, tenera vĭrens spīca mollis ărista,
Lûteæ vĭŏlæ mihi, lacteumque păpăver,
Pallentesque cŭcurbĭtæ, et suave ŏlentia măla,
Uva pampĭnea rŭbens edŭcata sub umbra.
Sanguine hæc etiam mihi, sed tacebitis, arma,
Barbatus lĭnit hirculus cornipesve căpella.

58. *Retourner les asclépiades suivants :*

DEBEMUR MORTI.

Quidquid sol ŏriens et quidquid occidens
Novit, cæruleis frĕtis Ocĕănus
Quidquid bis vĕniens, bis fŭgiens lăvat,
Pĕgăseo grădu corripiet ætas.

Quo turbine vŏlant bis sēna sīdera,
Quo cursu volvere sæcula properat
Dŏmĭnus astrorum, quo modo properat
Hĕcăte flexibus obliquis currere .

Hoc fata pĕtimus omnes, nec amplius
Qui lăcus superis jūratos tetigit,
Usquam est. Ut călidis ab ignibus fûmus
Vānescit sordidus per breve spătium,

Ut nŭbes, quas modo grăvidas vidimus,
Arctoi Bŏrĕæ impĕtus dissĭpat :
Sic spīritus hic quo rĕgimur effluet.
Spem ăvidi ponant, mĕtum sollĭciti.

STROPHES ASCLÉPIADES.

59. *Nommer les strophes suivantes; nommer et scander les*
vers qui les composent.

Ut māter jŭvĕnem, quem Nŏtus invĭdo
Flātu Carpăthii trans maris æquora
Cunctantem spătio longius annuo
    Dulci distĭnet a dŏmo,

Vōtis ōminibusque et prĕcibus vŏcat,
Curvo nec faciem littore dimŏvet :
Sīc desĭdĕriis icta fĭdelibus
    Quærit patria Cæsarem.

60.   DE MORTUO POETA.

    Vātes, parcite flētibus :
Cur molles lacrimas, cur gĕmitus grăves,
    Aut cur carmina tristibus
Decantata mŏdis funditis anxii ?
    Jam nunc sat lacrimis datum est
Huc, huc, pro lacrimis purpŭreas rŏsas,
    Huc plēnis mănibus date
Pallentes vĭŏlas, albaque lĭlia.

61. LAUDATUR FONTIS CUJUSDAM SALUBRITAS.

Ad fontes mĕdĭcos undique curritur;
Hinc longe fŭgiunt agmĭna fĕbrium,
                6.

Morbi, pallida monstra :
His terris hăbitat Sălus.

Succis seu mĕlior terra salubribus,
Seu ferro insita vis, seu gĕnius lŏci,
Sacras efficit undas,
Membris inde redit vĭgor.

62. *Séparer et nommer les vers qui composent les strophes
suivantes :*

AD HENRICUM FURCIUM, URBIS PRÆTOREM ET ÆDILES
VETERUM FONTIUM IN NOVOS FONTES EXPOSTULATIO.

Largos quæ lătices tam populo diu præbemus, veterum
numina fontium, te nos, Prætor, adimus. Justam fer
miseris opem.

En surgunt nova nunc agmina Naïadum, urbem quæ
rĭguis fontibus alluunt, et nos Numina, siccos fontes
linquere cogimur.

Fontes non alios novimus, excitat nostrorum nisi
quos copia fletuum : nobis nomina vana restant, et fui-
mus Deæ.

Naias quæque, suo fonte beatior, nobis quos rapuit
gaudet honoribus, omnes et sua vernis ornant tempora
floribus.

63. *Ajouter des épithètes aux substantifs soulignés, et les
mettre aux places marquées par des points.*

SUITE DU MÊME SUJET.

Hæc se jactat aquis, illa situ loci,..... hæc *latices* præ-
dicat, *altera* monstrat..... urnam..... que artificum
manus.

Æqua quis ferat hanc mente superbiam? Vixdum rure suo cognita,..... resplendentia in *auro* nuper nomina legimus;

Dum nos sub..... *rupe* reconditas, *campos* per.....
. ... *per loca*, quas collegimus urbi, undas jam male perdimus.

64. *Remplacer les mots soulignés par des synonymes.*

SUITE DU MÊME SUJET.

Olim non ita nos Numina *contempserat* prætor, qui dominam munere *regali* nos transmisit in *civitatem*, longis ducta canalibus.

Tu, quem tot *nobilium* legit ab ordine Princeps, haud titulis *magnis* imparem, si quid tale meremur, *ademptum reddas* decus.

Quod si nos *propitio* lumine videris, laxis et *permiseris* currere *undis*, te mox omnibus *aquis*, prætor *ingens*, sonabimus.

RÉCAPITULATION GÉNÉRALE.

65. *Indiquer, à l'aide d'un tableau, en quoi diffèrent entre eux les vers suivants, en passant des plus courts aux plus longs :*

> adonique,
> aristophanique,
> phérécratien,
> glyconique,
> phalécien,
> décasyllabe,
> saphique,

alcaïque,
asclépiade,
grand asclépiade,
grand saphique,
priapéen.

66. *En prenant pour point de départ l'adonique « Plau-
dite cives », transformer successivement cette phrase en chacun des vers nommés ci-dessus, à l'aide d'additions, d'interversions ou d'autres changements.*

67. *Prendre pour matière le priapéen suivant :*

Hostes mœnibus ingruunt : sternit omnia ferrum.

*et construire avec cette phrase, à l'aide de suppressions,
interversions, etc., les vers nommés ci-dessus, mais dans
l'ordre inverse, c'est-à-dire en passant des plus longs aux
plus courts.*

68. *Reconnaître les vers suivants. Avec quels vers se com-
binent-ils pour former des strophes ? Nommer ces strophes.*

1. **Tu vina Torquato move consule pressa meo.**
2. **Jussus abire domum ferebar incerto pede.**
3. **Flumina prætereunt.**
4. **Et imputata floret usque vinea.**
5. **Cras ingens iterabimus æquor.**
6. **Revellis agri terminos et ultra.**
7. **Sit liber, dominus qui volet esse meus.**
8. **In verba jurabas mea.**
9. **Vos quibus est virtus, muliebrem tollite luctum.**

69. *Même exercice.*

1. Torquibus exiguis renidet.
2. Augur Apollo.
3. Sublimi feriam sidera vertice.
4. Lenesque sub noctem susurri.
5. Sanguine viperino.
6. Nudum remigio latus.
7. O matre pulchra filia pulchrior.
8. Integer vitæ scelerisque purus.
9. Et tollens vacuum plus nimio gloria verticem.
10. Sæpe trans finem jaculo nobilis expedito.

70. *Nommer et scander les vers et les strophes qui suivent.*

AD AMICUM.

Ni te plus oculis amem et mĕdullis,
Vita non mihi vita sit, sed Orci
Fûmus ac tenebræ et sïtus; sed illud
Non est; at bona lux, lepŏr vènusque;
Nam te plus oculis amo et medullis.

71. AD AMICUM.

Cur me querelis, Santŏli, vexas tuis,
 Nullius errati reum?
Nisi forte grandis instar errati putas,
 Quod te coloque et diligo.
Quod ingeni vim laudo, mores candidos,
 Animumque fûci nescium,
Salesque puros, dignaque Augusti aureo
 Quæ fundis ævo carmina:

Hæc miror in te cuncta, nec sileo invidus,
Sed voce clara prædico.

72. (LOQUITUR THESEUS).

Nunc adeste sæva ponti monstra; nunc vastum mare,
Ultimo quodcumque Prŏteus æquŏrum abscondit sĭnu,
Mĕque ŏvantem scĕlere tanto răpite in altos gurgites.
Tuque semper, gĕnitor, īræ făcilis assensor meæ.
Sidera et mānes et undas scĕlere complevi meo;
Amplius sors nulla restat : regna me norunt tria.

73. DE AMICO SEPULTO.

Tu sĭnu, Tellus, fŏveas benigno
Crēditum pignus : lĕvibus făvillam
Contĕgas glēbis : placido quiescant
Ossa sĕpulcro.

74. AD AURORAM.

Curru gemmea lucido
Incedit roseis acta jugalibus
Aurora, et varium jubar
Late perpetuis explicat ignibus.
Hic tu Tethyos in sinu,
Titan, necte moras, mĭtior adspici
Dum lux irrigat aera,
Et mistis hilarat cuncta coloribus.
Tali lumine divites
Vestit, credo equidem, Juppiter insulas,
Secretosque pios ; quibus
Mulcet suaviloquens pectora Socrates
Et mystes Plato Socratis.
Qui te, Diva, tŏro conditus intimo,

Surgentem adspicere abnuit,
Ille Orci tenebras et specus horridum,
Æternum miser accolat.

75. LAUS LUTETIÆ.

Sŭperba turres, tolle, Lŭtētia,
Tectisque nūbes ambĭtiosior
   Lăcesse : jam non invĭdendos
   Objiciat tibi Roma colles.

Non ipse vidit tot Tĭberis pater
Turres, quot arces Sēquănæ, quot dōmos
   Miratur æquatas Olympo
   Attonitæ nŏvus hospes urbis.

Sic fertur ōlim marmoream sibi
Struxisse Romam Cæsar, et inclĭtas
   Narratur Amphĭon măgistris
   Cantibus ædificasse Thēbas.

76.

Clārum perpĕtuis nomen honoribus
Dum sēris Ludŏvix transdere sæculis,
Ætatesque părat ferre per ultimas
   Quæsitum meritis decus ;

Nunc vel nobilium Pyramidum sĭtu
Augusto mŏnumentum exstruit altius;
Nunc vultus pario marmore regios
   Ducunt artifices manus.

At mox illa tuis parta laboribus,
Si non Musa vetat, laurea decolor
Arescet moriens palmaquė languidis
   Amittet foliis decus.

77.

Alfēne immĕmor atque unanimis false sŏdălibus,
Jam te nil miseret, dūre, tui dulcis ămīculi ?
Jam me prodere, jam non dubitas fallere, perfide ?
Nec facta impia fallacum hominum cælicolis placent
Quod tu negligis, ac me miserum deseris in malis...
Si tu oblitus es, at di meminerunt, meminit Fides,
Quæ te ut pœniteat postmodo facti faciet tui.

78.

Jam rara micant sidera prono
Languida mundo; nox victa vagos
Contrahit ignes luce renata.
Cogit nitidum Phosphoros agmen.
Signum celsi glaciale poli
Septem stellis arcades ursæ
Lucem verso temone vocant.

Jam cæruleis evectus aquis
Titan summa prospicit Oeta.
Jam Cadmeis inclyta Bacchis
Aspersa die dumeta rubent,
Phœbique fugit reditura soror.
Labor exoritur durus, et omnes
Agitat curas aperitque domos.

79. LAUS RURIS.

Simul atra recubantem corylorum tegis umbra,
Relevas ingenii tædia fessi;
Potes acres animi pellere curas.

Subit intus reparatos juvenilis vigor artus,
Tua cum pectoribus ducitur aura :
Mihi robur vĕgĕtum læta ministras,

Dea colles jaculatrix sinuato quatit arcu
Salientum Satyrorum pede pulsos;
Tua Musæ faciles antra frequentant.

80. LE POËTE QUI S'ADMIRE LUI-MÊME.

Hoc quid putemus esse? qui modo scurra
Aut si quid hac re tritius, videbatur,
Idem inficeto est inficetior rure,
Simul poemata attigit; neque idem unquam
Æque est beatus, ac poema cum scribit;
Tam gaudet in se, tamque se ipse miratur.

81. CERBÈRE VAINCU PAR HERCULE.

Attollit hirtas angue vibrato comas,
Missumque captat aure subrecta sonum,
Sentire et umbras solitus. Ut propior stetit
Jove natus, antro sedit incertus canis.
Et uterque timuit : ecce latratu gravi
Loca muta terret, sibilat totos minax
Serpens per armos; vocis horrendæ fragor
Per ora missus terna felices quoque
Exterret umbras. Solvit Alcides feros
Tunc ipse rictus, et cleonæum caput
Opponit, ac se tegmine ingenti tegit,
Victrice magnum dextera robur gerens.
Huc nunc et illuc verbere assiduo rotat.
Ingeminat ictus; domitus infregit minas
Et cuncta lassus capita summisit canis.

82. OLOR ET ANSERES.

Pulchre canens amatas
Pulcher colebat olim

Ripas olor Caystri.
Invidit anserum grex.
Cycnum ergo cingit hostis
Turbatque verberando
Alis nigrum liquorem.
Spumam inde bullientem
Jaciens lutumque turpe
Fœdare avem volebat.
Niveas olor repente
Pennas quatit caputque,
Leviterque tinctus undis
Splendet magis decorus.

83. APPEL A UN ESCLAVE PARESSEUX.

Mane jam clarum reserat fenestras ;
Jam strepit nidis vigilax hirundo :
Tu velut primam mediamque noctem,
    Parmeno, dormis.
Dormiunt glires hiemem perennem,
Sed cibo parcunt : tibi causa somni
Multa quod potas, nimiaque tendis
    Mole saginam.
Inde nec flexas sonus intrat aures,
Et locum mentis sopor altus urget,
Nec coruscantis oculos lacessunt
    Fulgura lucis.
Surge, nugator, lacerande virgis,
Surge, ne longus tibi somnus, unde
Non times, detur : rape membra molli,
    Parmeno, lecto.
Fors et hæc somnum tibi cantilena
Sapphico suadet modulata versu.

Lesbiæ depelle modum quietis.
Acer iambe.
Puer eia surge et calceos
Et linteam da sindonem.
Da, quidquid est, amictui
Quod jam parasti, ut prodeam.
Da rore fontano abluam
Manus et os et lumina.

84. LE POÈTE FATIGUÉ DU SÉJOUR DE LA VILLE.

Nunc, populi cœtus et compita sordida rivis
Fastidientes, cernimus
Angustas fervere vias, et congrege vulgo
Nomen plateas perdere.
Turbida congestis refertur vocibus Echo:
Tene, feri, duc, da, cave!
Sus lutulenta fugit, rabidus canis impete sævo,
Et impares plaustro boves.
Nec prodest penetrale domus et operta subire:
Per septa clamores meant.
Hæc et quæ possunt placidos offendere mores
Cogunt relinqui mœnia,
Dulcia secreti repetantur ut otia ruris
Nugis amœna seriis.

FIN.

TABLE DES MATIÈRES

CHAPITRE III.

CHAPITRE IV.

CHAPITRE V.

CONJUGAISONS.

EXERCICES DE MÉTRIQUE

FIN DE LA TABLE DES MATIÈRES

PARIS. — IMPRIMERIE CHARLES BLOT, RUE BLEUE, 7.

www.ingramcontent.com/pod-product-compliance
Lightning Source LLC
Chambersburg PA
CBHW071829090426
42737CB00012B/2213